新史记◎

说史记

杨早 著

生活·讀書·新知 三联书店

图书在版编目（CIP）数据

说史记／杨早著．—北京：生活 · 读书 · 新知三联书店，
2015.3 （2015.7 重印）
（新史记）
ISBN 978－7－108－05043－4

Ⅰ．①说…　Ⅱ．①杨…　Ⅲ．①社会史－中国－近代　Ⅳ．① K25

中国版本图书馆 CIP 数据核字（2014）第 124097 号

责任编辑　卫　纯
装帧设计　蔡立国
责任印制　郝德华
出版发行　生活 · 讀書 · 新知 三联书店
（北京市东城区美术馆东街 22 号 100010）
网　　址　www.sdxjpc.com
经　　销　新华书店
印　　刷　北京中科印刷有限公司
版　　次　2015 年 3 月北京第 1 版
2015 年 7 月北京第 2 次印刷
开　　本　880 毫米 × 1230 毫米　1/32　印张 7.75
字　　数　191 千字
印　　数　10,001－15,000 册
定　　价　28.00 元
（印装查询：01064002715；邮购查询：01084010542）

目　录

辑二 食货志

辑三 时闻录

辑四 乙巳年

序言：用小说法，而以记史

一

鲁迅在《中国小说史略》中评《聊斋志异》是“用传奇法，而以志怪”，意思是蒲松龄是用唐传奇的写法，来叙写六朝志怪的题材。同书评唐传奇云：“叙述宛转，文辞华艳，与六朝之粗陈梗概者较，演进之迹甚明。”倘以“叙述宛转，文辞华艳”八字来评《聊斋志异》，确实也很贴切。纪晓岚看不惯蒲松龄的地方，怕也在这里：蒲松龄把子虚乌有的事写得太细密太逼真，不可能是从乡野村老那里听来的故事转述，里面灌注了作者自己无限的想象力。

莫言说他继承了蒲松龄的传统，论者多集中研究两人同致力于民间故事的挖掘，而忽略了“叙述宛转，文辞华艳”的一脉相承。其实再溯源头，就该是“无韵之离骚”《史记》，司马迁写鸿门宴，写荆轲刺秦，三翻四叠，动人心魄，实开唐传奇之先河。王小波重写唐人故事，从《甘泽谣》、《无双传》、《虬髯客传》抓取情节人物，更是将古今熔为一炉。

二

前面的帽子很大，罗列名家，好像他们跟《说史记》有什么关联。

其实没有。我只是想说，有时故事（story）和小说（novel）的区别，或许就在于细节之多寡，进程之平曲，想象力之有无。

曾自况《野史记》是“用新闻法，以写掌故”，古今笔记掌故，多是千篇一律的第三人称全知视角，像纪晓岚这种自命严谨的作者，恨不得每则笔记都道明出处，会不自觉地使用限制视角，也就会留下供读者想象的空白。这是《阅微草堂笔记》的好处。而我有意识地改用一些新闻的写法，因为新闻可以选择不同在场者的视角进入一个故事，也可以用口述实录的形式，这就让掌故的写法丰富起来。

到了《说史记》，我就在想：要不要有意识地再往前跨一步？掌故还是短小，适合一个截面或片断，有时不得不用“快进”的方式，也很难有细节的描写。如果写得再长一些，耐下心来慢慢进入人物与故事，或许能获得更多元的表达，更现场的感觉。

可是这样一来，难度何止倍增。因为这些故事本已经过了史书的锤炼与浓缩，仿佛一片新鲜的牛羊肉，已经风干日晒成可卷可藏费牙费劲的肉纸，再要将它泡在水里，想复原成能炒能炸的肉片肉丁，且不说能做到多高的还原度，水从何来？无非就是各种史料的拼合剔取，再就是作者的“历史想象力”了。

三

历史需不需要想象力？言人人殊。常常需要给别人讲一个道理：史料不是历史，对史料的阐述才是历史。一堆断烂朝报，要连缀拼接成一段看似完整的历史，想象力必然要参与其间。人们常说追寻历史真相，其实得到的只是某种对历史的解释，当然有高下精粗之别，但“真实”只是，用章太炎的话说，“古人之虚言”。

从这个角度上说，历史与小说，同属叙事，之间并没有一道不可跨越的藩篱。《史记》就是兼二者之美——这也是纪传体的特色，要写活人物，就不可能不运用文学的手法。即使是编年体，一字之择，片语之炼，写者的倾向自然就在其中，也就引导着读者看向他心中的历史图景。

但总有人很执着地要厘清历史与小说之间的分野。2011年我写《民国了》，先交一个样章《让子弹飞》给出版社，用的是参与武昌事变的一个士兵的视角。被编辑否定，说“读者会分不清是历史还是小说”。我只好放弃这种写法，但没改干净，有几个句子还是主观视角。讽刺的是，《民国了》的版权页上，新闻出版总署给出的分类并不是“通俗历史”，而是“长篇历史小说”……

还有这本书里的《抢米》，投给某报历史版，编辑也是说“太像历史小说”而婉拒。后来在某刊发表，编辑不管你是什么分类，总之噼里啪啦发出来，会怎么样呢？莫非能改变读者三观？

四

读者可以只看文章好坏，管你历史还是小说。作者心中，不能没有原则。蝙蝠似禽似兽，但生物学上总会给它个定性。如果你来问我，我会说，我写的还是历史，只不过“用小说法，而以记史”。

《说史记》诸篇的叙事者大都是伪托的，但不等于书里的细节是编造的，可是我也不敢说每一个细节都经得起严格的推敲。我给自己定的原则大抵是：不编情节，对话和场景可以想象，但事件与情节必须有史料记述。

其实要分清叙事者是否伪托，非常容易，如果实有其人，他会有实在的姓名与身份，否则叙事者只是一个功能性的符号，代表着一种视角，亲历者，旁观者，听闻者……我想追寻的并非清晰的历史阐田妈看看天色，还早着呢，心里不服气，嘟嘟囔囔地去擦柱子："梅香拜把子——都是底下人，充什么二爷呢？！"

老胡没有听见田妈的抱怨，他直愣愣地望着大门外，早十年的时光一层层叠在空荡的大街上。

四马路上那时节，一过了中午，打茶围的陆续上门，莺莺燕燕几多热闹，自己掂着大茶壶，跑进跑出地要果盘，添茶水，打发小三子去老正兴叫烂肉面，凑个空，跟下脚娘姨打情骂俏，摸一把她们的肥屁股……冬至到了，也摆几台酒，热烘烘的菊花火锅，亮白赛银的铜手炉……

"难不是民国害的？好好地在四马路，说南京好，去南京，张辫帅打得来，又往北逃，南京到清江浦，清江浦到天津，天津到北京……乖乖龙的咚，现时客人！毛都没一根！"他忍不住又一次地唠叨。

田妈白了他一眼。伊还记着仇，何况，老胡说的地方，伊一处都没有去过。

也不怪北方客人势利，规矩全坏了！旧时的客人，头次上门打茶围，英洋一只，末后都是出出进进，吃吃喝喝，碰碰和，做做花头，倌人亲热得来，像做了三世夫妻！一台酒八只洋，高兴末摆摆双台，双双台，全看阿是恩客！现如今，一台酒涨到了廿只洋，还讲究现过现，我要是客人，我也弗高兴！

田妈突然来了兴致，抹布一丢，挨到老胡的长凳上。

"我听说，小姐那时才十四岁？上海的印度阿三不让她出局？"伊说"出局"仿的是张妈的上海腔，歪歪扭扭的腔调，难听得来。

"工部局是有介样章程。大抵是几位阿姐带着伊，局上末总有几位客人没有相熟的倌人，顺便荐过去，要末唱几只小调，代几杯酒……不然，何必去南京讨生活？"老胡还在愤愤然着南京。

"我还听说，小姐的老太爷还是在旗的呢，是杭州做官的！真会以不同的方式流传下去，着急上火也没用。

只是从个人趣味出发，我不喜欢坊间流行的通俗说史那种“将历史拉入当下”的手法。比如你觉得历史里的名物典章，风俗制度都很陌生，我就直接用一个现世的熟悉名称代替就是。诸葛亮就是CEO，朱棣是个好总理，这样做，诚然可以让历史变得易入口好消化，但也就消解了“知所从来”必需的一些门槛。淆乱词与物之间的对应，用现代思维直接代言古人，那读者得到的无非是包裹着古装的当代故事。不是不行，意义不大。

我喜欢与追求的，是“回到现场”，不是古代的人与物为你驱策，而是你通过想象与叙事融入前世。这种回到过去的渴望，有时候就是一种本能。最近多看穿越小说，有些作者，会花很大精力，用一两章来写穿越者在古代的一场婚礼，或考订风土人情，力求各种细节必有出处，影响可读性与情节推进，也在所不惜。我看到这些地方，往往有所会心，觉得吾道不孤。

六

《说史记》这样的文体，可以帮助读者贴近历史，那它对作者的益处何在？一位学者写这样的文字，算不算不务正业？我经常会面对这样的质疑，或“何不干脆去写小说”的揶揄。

这事我也常常反躬自省。写什么，怎么写，往往都是一种冲动。有无益，有何益，则是事后的总结。我觉得这样写写，探索历史写作的可能性，至少可以让自己增强“历史感”，近年读一些比我年轻的学者之著述，理论精深，立意宏大，但总感到跟历史“隔”得厉害。古为今用，六经注我，不是说不行，但以论带史太过，最后往往论归论，史归史，看看近现代学术史，历经淘洗，这样的论著往往最先过时，连旧书都卖不起价。

当然我也不觉得《说史记》是多么了不起的书，它只是兼顾“趣味”与“感觉”的尝试之作。散碎了几年后，我倒是有心慢慢搭建自己对近代某些时段的解释框架。这个就不是感觉和细节加上想象就能完成的了。不过这些写作尝试肯定不是虚掷光阴，尤其对于一个文学研究者来说，自己尝试一下叙事写作，对于理解研究对象，也会有所帮助，信不？

《说史记》的编辑成书，与《野史记》的再版同期，因此做了一些篇目调整，有些篇什，从旧版《野史记》中移到本书中，自然，新版《野史记》也增补了一些别的文字，特此说明。

谢谢三联书店，谢谢郑勇师兄与卫纯师弟对这两本小书的眷顾与投入。感谢本书插画作者、当时《万科周刊》的美编季蕾女士。还有发表过书中作品的报刊，经手的编辑朋友，不能一一表达谢意，但咱们一起散播文字、传递趣味的往事，都会留在我自己的“史记”之中。

2014 年 7 月 10 日于京东豆各庄

辑一　北里记

北里：唐长安城北平康里为歌伎汇聚之所，孙棨著有北里志，后人以『北里』指代妓馆区。

午 后

虽然是冬天，阳光还是很好。眼睛看上去似乎有相当的温度，真要抬腿出去，才知道风吹得脸上身上一道道地疼。连隔壁当铺的黄狗，都将头埋在腿腹间，蜷成一团，全力抵抗这该死的冷。

冬日的午后，短。陕西巷的午后，转眼似乎太阳就有些西斜。

老胡坐在云吉班的门洞里。大街上一个人都没有，但他不能关门，做生意，规矩！他倒不怕冷，干冷总比南方的阴冷容易扛，只要不站在风窝里。

他把头上的毡帽压压低，左手下意识地去顺那条又粗又长的大辫，却逮了个空，才省觉已经是民国，辫子剪了总有一年多了。

向右横了一眼，三河县来的田妈躲在南房檐下的长凳上，手上抓着抹布，低头打盹，胸前被口水湿了一片。哼，在上海的时候，下人哪敢这等放肆？谁不是格挣挣地立着，手不停脚不歇地做事……园子里的花没浇，鹦鹉笼的水罐也空了，灶下的柴草散放着，伊倒不怕冷，在这里打瞌铳！

“田妈！……田妈！……”

田妈蓦然惊醒，慌张地东张西望，看见是老胡，一颗心才放了下来。“好！老胡，你大白天见鬼了吗？鬼叫鬼叫！”

“田妈，你看看你什么样子？乖乖，若是妈妈和小姐现在回来，你阿要炒鱿鱼？”

田妈看看天色，还早着呢，心里不服气，嘟嘟囔囔地去擦柱子："梅香拜把子——都是底下人，充什么二爷呢？！"

老胡没有听见田妈的抱怨，他直愣愣地望着大门外，早十年的时光一层层叠在空荡的大街上。

四马路上那时节，一过了中午，打茶围的陆续上门，莺莺燕燕几多热闹，自己掂着大茶壶，跑进跑出地要果盘，添茶水，打发小三子去老正兴叫烂肉面，凑个空，跟下脚娘姨打情骂俏，摸一把她们的肥屁股……冬至到了，也摆几台酒，热烘烘的菊花火锅，亮白赛银的铜手炉……

"难不是民国害的？好好地在四马路，说南京好，去南京，张辫帅打得来，又往北逃，南京到清江浦，清江浦到天津，天津到北京……乖乖龙的咚，现时客人！毛都没一根！"他忍不住又一次地唠叨。

田妈白了他一眼。伊还记着仇，何况，老胡说的地方，伊一处都没有去过。

> 也不怪北方客人势利，规矩全坏了！旧时的客人，头次上门打茶围，英洋一只，末后都是出出进进，吃吃喝喝，碰碰和，做做花头，倌人亲热得来，像做了三世夫妻！一台酒八只洋，高兴末摆摆双台，双双台，全看阿是恩客！现如今，一台酒涨到了廿只洋，还讲究现过现，我要是客人，我也弗高兴！

田妈突然来了兴致，抹布一丢，挨到老胡的长凳上。

"我听说，小姐那时才十四岁？上海的印度阿三不让她出局？"伊说"出局"仿的是张妈的上海腔，歪歪扭扭的腔调，难听得来。

"工部局是有介样章程。大抵是几位阿姐带着伊，局上末总有几位客人没有相熟的倌人，顺便荐过去，要末唱几只小调，代几杯不？”见老胡今天少有的耐心，田妈斗胆捧出久亘胸中的疑团。

“是倒是的，”老胡倒没有怪田妈嘴多，“伊是姨太太生的，老太爷一死，就被大娘赶出来，不几年娘就死了，张家姆妈，就是伊的奶妈带着伊，在浙江抚台家中帮忙，倒出落得读过几天书……好景不长，浙江‘光复’，哼哼，”老胡鼻子里很不屑地哼了光复两下，“张家姆妈带伊逃到了上海，过不下去，才将伊押到班里来的。”

田妈对这段掌故很满意，咂了咂嘴：“咱们这位小姐，刚来的时候，说是上海的红倌人，我瞧长相呀……不是说不好，比云庆班那几位呢……”

老胡不乐意了，瞪大了眼睛喝道：“田妈，弗要瞎三话四！阿拉小姐在上海、在南京，哪里不是局票多得接不完？大清的时候，不像民国的人，眼睛只看得见一张面孔！小姐知书识礼，又会自己写写歌词，才气多得溢出来，满地都是！你来这里半年，上门的哪个不是达官贵人，公子哥儿？哪个不说小姐是才女？”

田妈被他一吼，不敢再说，搭讪着要走开。眼前一暗，一部包车停在门口。

下来这两个人，不凡！都穿着军呢的大衣，獭绒的呢帽。尤其右边这个人，戴一副盲公镜，慢慢走下车来，走上台阶，走进门洞。摘下镜来，容长脸儿，两只眼微微斜着，有神。

没带随从，老胡却直觉这是贵客，不由得立了起来：“两位先生，您是？”

左边的来客脸上带出了诧异：“怎么？不可以打茶围？”听着是翘舌头的北边人。

老胡高了兴，又紧跟着把歉意往脸上挂：“您先生还是南边规矩，而今民国了，北边儿客人下午不会来，掌灯时分才有生意。小姐、妈妈今天去东岳庙烧香去了，要不，您去哪儿转转再……”老胡撇着京腔，跟田妈的上海话一样别扭。

右边那位“哦”了一声。低头想想，抬头对老胡说：“我是慕名而来，特为见见你家小姐。既是不凑巧，晚上没空，我留一张片子吧，改日再来。”他说话也有口音，似乎有点儿湖南，又有点儿云贵一带。

老胡点头哈腰，从那位手里接过了片子，又帮他们叫住没走多远的洋车，一直候着车出了街口，才慢慢欠身回到门洞里，见田妈正在涎着脸看，不禁得意地道：“看着没有？慕阿拉小姐的名来的！看那一身的行头，起码是个统领！”

他眯起眼，借着倾斜的阳光看片子上的字，一个字一个字念出来：

“陆、军、部、编、译、处、副、总、裁、昭、威、将、军、全、国、经、界、会、督、办、大、元、帅、统、率、办、事、处、办、事、员、参、政、院、参、政、蔡、……蔡什么？认不得。田妈，你……算了，你又不识字！”

那是“锷”字。

出 关

望平街与别处不同，它的日夜是分为四段的。

白天大部分的时候，这里人影寥寥；日落向晚，渐渐有记者、编辑回报馆，也许在路边吃一碗烂肉面，而闲散了一天的各商铺、茶楼的伙计们，此时个个精神起来，预备迎接诸位老主顾。

入夜时分，国际新闻版、各地新闻版已经基本上排好，京里的命令和要闻，或许有些还在路上，至于那些跑巡捕房的伙计，多半要回馆交代一下，再回捕房去盯个通宵。茶楼酒馆里灯火通明，喝茶的，吃宵夜的，磨时间的，全上海跑新闻的大小角色大约都会露露面，交换交换情报。此时的望平街，无数消息在空气飘荡，碰撞，起伏，融合，在雨前茶和虾仁炒面的气味里从一张嘴到另一张嘴，它们竞相奔跑，看谁能爬上当天的版面。

此时的望平街，才不枉叫做“中国的舰队街”，大英帝国的新闻中枢，也未必比这里热闹。

凌晨两点之后，报馆人员渐次散去。全上海的报贩砉然拥进望平街，争抢各馆新出的日报。人头涌涌的望平街，好像闸北的小菜场。

在我看来，半夜那一段远比此时迷人，有一种激动人心的气息。

民国四年 11 月 19 日，晚上 11 点，我正坐在青莲阁茶楼临窗的位置里看报。老余匆匆走进来，将一卷电报纸掼在茶桌上。

京里的可靠消息，蔡松坡出京了！

团团圈圈桌上的同行都被吸了过来，老余一下子变成了总经理级别的人物，有人搬椅子，有人掺茶，有人点烟，有人帮着叫“烂肉面一碗，油水足点”！

更多的人已经迫不及待地大发议论：

“蔡松坡是任公的学生，前一阵他竟然头一个签名赞成帝制，我早就觉得不对劲了！”

“可不是。《群强报》报道说松坡将军日日云吉班，夜夜小凤仙，醇酒妇人，纵情声色，如今看来，大约是韬晦之计，以消极峰的疑虑。”

“哈，老胡，就叫老袁好了，什么极峰、总统，咱们在租界里，不鸟他！”

“松坡听说为了小凤仙和夫人起争……”

“先别吵！老余，你说说，松坡是怎么出的京？”

所有眼光都集中在老余的瘦脸上。

老余两手一摊：“我也不知道！电报上只说，老头子今天才收到松坡的告假书，其实他大概昨天就失踪啦！”

一时很静默。往往有头条新闻而无详细内容时，便是各报记者编故事的好时机。

一年眨眼就过去了。这一年里，商家的招牌和账簿换上了有“洪宪元年”字样的，未及两月就又得换回民国。大伙儿叫苦不迭。还是青莲阁的老板当初就有远见，说：“不换！”老袁的手虽长，却也伸不到上海公共租界来。

是十一月十一日吧，我们凑在青莲阁，品评北京公祭松坡大会的挽联、电报。大家最措意的，当然是蔡将军那位红粉知己的两副挽联。

“听说小凤仙自己也去了，穿蓝布大褂，见到的人说，相貌不过中等，语带南音，颇有英气。”

“这副长对据说出自易哭庵之手：‘九万里南天鹏翼，直上扶摇，怜他忧患余生，萍水相逢成一梦；十八载北地胭脂，自悲沦落，赢得英雄知己，桃花颜色亦千秋。’好则好矣，轻巧了些。”

“哭庵嘛，哪里合适凝重沉稳的路子？有人说短联也是他的大作，我看不像！”

“着哇，有人说就是小凤仙的亲笔，那便可称得上才女喽！”

“不错，‘不幸周郎竟短命，早知李靖是英雄’。简明，贴切，有出处，将来必成名联！”

欷歔感叹声中，有人问了一句：“到底去年松坡是如何出的京？”

是呀，蔡锷蔡松坡是怎么出的京？在松坡仙逝、小凤仙失踪之后，这成了我唯一能够追索的谜题。

京沪报纸上有几种说法。一种是，松坡与朋友在长安酒楼痛饮，召小凤仙侑酒，席间蔡忽称自己“腹痛”，借尿遁出了酒楼，直奔前门车站，乘夜车往天津；

另一种是松坡与小凤仙乘车出游，故意在京城内绕来绕去，将跟踪特务绕晕了之后，两人经过东车站，梁启超已经派家人在彼相候，蔡遂登车东行，小凤仙一人回班。

还有一种，说是留日士官生的学长、兴中会老会员哈汉章（时在陆军部任职），借用老母八十大寿的机会，掩护蔡松坡逃走，却将此事栽到了与松坡出双入对的小凤仙身上。小凤仙被迫停业回南，但老袁随后也侦知是哈汉章的把戏，还没来得及收拾他，帝制已经无望，哈逃过一劫。

这几种说法腾传人口，都有人信，但都不能让我全信。以老袁对松坡的疑忌，蔡出走前数日，他还指使军警执法处处长雷震春搜查蔡锷住处，对蔡本人，应当看守更加紧密才是。即使被蔡溜走，也应立即发现，大肆搜捕，岂能容松坡轻轻松松到达津门？

这个疑团萦绕我心头多年。四十年后，偶然遇见许姬传先生，他告诉我，小凤仙后来嫁到东北，偶有机缘，晤谈梅兰芳梅老板，语及前事，他也在座。

“哦？她自家怎么说？”我自然又惊又喜。

许先生说，小凤仙自称当日（十一月十八日）是云吉班班主寿辰，贺客众多，蔡松坡趁机在小凤仙房里摆酒相贺，并特意撤去窗纱，卷上纸帘，让外面看见屋内情形。冬日严寒，蔡将大衣、皮帽挂在衣架上，怀表摆在桌上，只穿单衣到院里如厕。院子里厨师、跑堂、贺客、大茶壶，全是人，松坡趁着乱劲儿溜出门外，叫了辆洋车。想那八大胡同离前门能有多远？不一时到了车站，梁任公早派老家人曹福买了两张三等票等在那里，于是松坡随曹福上车离京，经天津转日本，回了云南……

“等等，”我刚释然的疑云又聚成了堆，“蔡松坡离开云吉班后的事，小凤仙是怎么知道的？”

“她不知道，她也是后来看报上说的。”

我听老余说过，老袁在帝制前后，极其关注国内局势与反袁诸人动向，前门车站、天津梁任公寓，都有特务日夜监视。蔡松坡离开云吉班的说法是可信的，部署也很周密，但后面的情节就太简单了。

没想到这么多年后还能重逢老余！两人还像当年在望平街一样，手挽手去喝老酒。下酒菜除了松花皮蛋茴香豆，也少不了蔡松坡与小凤仙。

“你这个疑问我能解释，”老余的瘦脸笑成一朵花，“洪宪事后，我就被派到了北京当跑腿员，曾经看到北京报纸上有一条札记。作者我也认识，叫侯疑始，是严复严几道的弟子，和朝野都有极深的关系。

“那条札记上说，蔡松坡不但在云吉班布下了空城计，而且，他还从那里打了个电话，就是打给总统府，他说，有要事要面禀总统，问何时可以谒见。那边讲，下午两点。电话打得很大声，守在外面的特务都听见了。所以蔡松坡出云吉班，是大摇大摆出去的，还要把门的人给他雇常用的汽车哩！特务们既知他是去总统府，又未携行李，当然以为他去去就回。

“谁知蔡松坡坐汽车路过前门车站，突然下车，一去不回。司机当然以为他乘车逃逸，马上报告。执法处立即命车站特务登车巡检，但怎么都找不到与松坡形状相似之人，天津的特务也在车站守了一天一夜，连根蔡松坡的毛都没有见着。

“蔡松坡哪儿去了？他在车站雇了辆人力车，直奔一个朋友家，就在那儿剃须易容，扮成一个运煤的工人，担着空筐，满脸煤黑，天擦黑时出了东便门，雇骡车奔通县。在通县小店里住了两天，等风声松了，才由通州间道赶到天津，见梁任公，定下了反袁护国的大计。”

老余一口气说完。我都听傻了。

听说小凤仙病逝于1976年，离蔡松坡因喉癌死于日本，整整六十春秋。

买　笑

话说咸同以来，士农工商，百业凋敝，唯有两种人最易发达，一是当长毛的，一是打长毛的。如今单表长毛军中一个混世魔王，姓李，双名长寿，江西人氏。他本来在乡里种地，红羊过境，便入了伙，十余年下来，居然也挣下了金山银山，于是离了队伍，全不顾天京南京，一口气走到上海，隐姓埋名当了一位富翁。

初时还怕朝廷缉拿，渐渐地风声淡了，方敢出来走动。大乱之世，只有上海租界内笙歌不辍，各地战祸连绵，反而为渊驱鱼，逼了许多巨贾大宦迁到沪上洋场，一时四马路风光大盛，生张熟魏，迎来送往，好不闹热。

那日李长寿来至大大的一处娱游所在，名唤丹桂戏园，是宁波大商人刘维忠手创，李长寿平时听人说得不少啦，今天特地登门。

一走进大门，就吩咐："来呀！""小的在。""替我包下中厅，旁人一概不得进来！"走进中门，又吩咐："来呀！""小的在。""替我叫十七八个长三倌人来，要上等的清倌人！"走到桌前，撩马褂，大模大样地坐下。外面已是一迭声地叫："水果！瓜子！手巾！"

跑座的小刘站在门口发怔。这是哪儿来的大爷？气派大得很，可是看身上，土布长衫，辫子在脖子上盘了几转，倒像是苏北乡下来的洋盘！开门做生意，又不能回，小刘一路盘算着走出去。

那个时节，上海的长三书寓刚刚兴起，声价正高，要是没有熟人引见，倌人正眼也不会甩你一个，更别说打茶围叫局啦。小刘没奈何，一路来到小东门外，那里是“堂子”集中的地方（因为门上往往有块匾写着“某某堂”），堂子里的姑娘称为“幺二”——长三书寓的倌人出局，一次要三只洋，幺二就便宜多了，茶会一元，堂唱两元，而且堂子里的幺二比较杂，那些长得丑样，没什么客人的姑娘，好讲话些。

差不多过了一点钟，小刘带着十来个幺二匆匆回来了。看门的一轧苗头就知道，这都是幺二里最烂污的。一群人进门，照例团团将李长寿围住，却个个都提不起兴致，自顾自嗑瓜子，讲闲话，对这位大人爱搭不理。李长寿也根本不睬她们，一个人有滋有味地看戏。

戏看完，吩咐：打赏！跟着的仆人，也是一身土布长衫，从怀里掏出一沓银票，一人分了一张。幺二们接在手里，眼乌珠都快瞪出来了：大洋一百！

一夜之间，李长寿名震上海滩。

第二晚，李长寿又来了。“厅包了！叫倌人！”哗地一声，长三，幺二，挤了满满一厅，倒茶的，斟酒的，剥瓜子的，递手巾的，莺莺燕燕，咕咕呖呖都是苏白，一片都在叫“李大人”。

李长寿左看看，右看看，好像很不满意，叫声“来！”跟班赶紧凑上，打开包袱，递上一支水烟筒。满堂苏白，都少不得倒吸了口凉气——这水烟筒是黄金打的！

李长寿又叫了声“来！”这次叫的是跑座的小刘。他左手翻着叫局的局票，右手用黄金水烟筒指点着小刘：“有个红倌人，叫什么李巧玲的，为何不见？”

“回李大人，巧玲阿姐身上不清爽，故而……”

“这么说，我这个场面还打不动这小丫头？嘿嘿……”

他第二天去了回春里李巧玲的书寓。一进门就赏了四十块的下脚钱——这本来是“借干铺”才须打发的。小大姐打水来揩面，李长寿挽起袖子，右臂上一圈金脱条，总有三两多重。他将手放进水里，几滴水溅上了金脱条，“哎呀”，小大姐连忙拿毛巾去擦。李大人微微地笑：

“脱条着水，没用了。送你吧！”

小大姐愣在当地，一脸惊愕。李巧玲在旁边冷眼看着，面无表情，说了句“啥末事，值得大惊小怪”，扭身进了房间。

这晚李长寿赖到很晚，带挡娘姨朝巧玲使了好些眼色。巧玲只是不放话。李大人只得讪讪地去了。

次日又登门。又坐了许久，巧玲只是懒懒地，陪说些不咸不淡的闲白儿。后来推说有个要紧的局，出了门，二更也不见返。李长寿又只得打道回府。

第三天还没过午，听见有人拍门，一开闩，李大人匆匆冲了进来，一进房间，就大声嚷着：“昨儿有些晕，有张纸忘在妆台上，看看谁拿了，快些还我，有用场。”

巧玲还没起床，慢慢地坐起身，倚了枕头，睁开眼看了看来人。

不就是一张五千两的银票吗？还“忘”在妆台，分明是看准一钱入娼门，九牛拉不回，那时阿拉吃人嘴短，拿人手软，少不得多给三分颜色。这土老帽儿！

“李大人，莫要着急。纸头末，阿拉倒有几张，只是屋里厢的，斗大字识不得半箩。阿珠，侬匣子取出来，让李大人自家寻寻看。李大人，阿拉一早吵醒了起来，头发也勿曾梳，怠慢你哉。”

匣子打开，梭落落满把都是金珠、头面、钻饰，耀着近午的日光，闪得人眼有些花。

首饰拨开，一卷卷都是房契、借券、银票，银票有三千的，四千的，六千的，当然也有五千的，一张张叠着，不知道有多少。

李大人站在妆台前，脸色颇有些发白，伸手去翻检，似乎不太好，不伸手，似乎也不太好。

过了好久，他吞了口唾沫，强笑道："我也认不出哪张是我的，随它去吧。"

李长寿再不敢发横，从此绝迹呢，又舍不得。日日来施那水磨功夫，可惜潘、驴、邓、小、闲，只占得一个闲字，佳人便如镜花水月，想春风一度，那是老猫嗅咸鱼——嗅鮝（休想）。

疆场上何等威风，戏园内何等霸气，终于折在这小丫头手里！李长寿坐在客堂里长吁短叹。

没多久，听说李巧玲姘了个戏子叫黄月轩。侬看看，阿要气得呕血？

李长寿自己不好出面，婉转地托了别人去问巧玲：李大人在侬身上用的工夫也尽够了，开门做生意，勿好介能样子绝情绝义？

李巧玲的回答很绝：

"李大人末姓李，阿拉末也姓李，孔夫子讲过，同姓不婚，阿拉一个倌人晓得，李大人一个大人，阿是弗晓得？"

义　赈

上海滩这两年，最热闹的大抵是两件事：一件是赈灾，商绅两界的善长仁翁，往往由于某省的旱涝灾害，组织大会，广结善缘，义卖啦，义演啦，弄得张园几乎每个月都开大会。

另一件是彩票。上海地方总有许多发横财的传说流淌，常常弄得大众激动不已。打花门、白鸽票、六合彩、赛狗、回力球……一桩桩你方唱罢我登场，总会有一大堆人在里面卷进卷出。现在回头看，也没听说过几个中彩的富翁，倒是那些做航船的（零售彩票）、做听筒的（传递消息）的，有几个借此发家，像那个本来叫“水果月笙”的小杜杜月笙，而今手里已经开了几爿店啦。

最近的新鲜事，是后马路的红倌人陆文琴闹出来的。陆文琴我认识，在上海滩红了也有小十年了。就算她出道时只有十五六岁，现在怕也靠三十了。虽然还算红，总不免露出些下世的光景。隔壁的王好婆闲着无事，总喜欢猜猜陆文琴的下场，是嫁人作小？还是买几个小姑娘自己当姆妈？

今年河南大水灾，听说灾民队伍足足有几百里长。商会几位理事正在合议，办一场赈灾园艺会，请上几位外国公使夫人、几位官眷，再加上理事们的太太姨太太，捐一些绣件、首饰什么的，拍卖成善款寄往河南。

平地一声雷，张园门口贴出了一张布告，看的人堵得呀，好像城墙拐弯再加俩炮台。王好婆让小三子去看，挤了半天没挤进去。挤去吧，我不着急，我知道，到傍晚，《游戏报》上准会登出布告的详细内容，那报纸主笔李先生神通多广大呀，到时两个铜板买一份，请街口算命的小神仙念一念，不比挤得满身臭汗强煞？

刚吃完晚饭，小三子就出现在街口，手拿一张报纸，飞奔而来。正好，小神仙也收摊了，几位街坊围在王好婆杂货铺前，听他念布告的事。

"愿为百万灾民，牺牲一己之身！……为河南赈灾事，小女子愿发起义赈……发行彩票……总额十万元，每票一元，一月为期，借张园安垲第摇球开奖，以示大公……出售彩票款项，一概用于救济灾民……嗯！"

小神仙的眼乌珠突然瞪得老大，吓了周围人一跳。不就是赈灾吗？又不是没听说过！但是小神仙确实受了惊吓，他结结巴巴地告诉大家，布告署名人是陆文琴，她发起的这次赈灾彩票，其他方面确实平平无奇，只是中彩的彩头有所不同。

这次的彩头，是陆文琴自己。

她在布告里说，彩票发行之后，不论何人，掷其一元资本，即有得彩之机遇。无论中彩者是浪子，是苦力，或是老者，文琴均以身作彩，断无不相随俱去之理，即使将来陷于贫苦地位，为灾民计，亦在所不辞！

王好婆听到这里，嘴角撇得像一弯下弦月，她巴掌一拍："陆文琴这只婊子，整天吃喝玩乐，用度大得弗得了，谁养得起伊？小神仙，侬养得起？老谢，侬养得起？"

我当然养不起，不过小神仙说，布告还有下文，陆文琴才精哩。她说，十万元彩资之中，她要提出三成，就是三万元，作为她的嫁妆。

这个消息，就像一包石灰投到了冷水里，咕咚咕咚，烧得一条条马路都像开了锅似的。人们奔走相告，聚拢在陆文琴的门口，看她出局，看她坐马车。彩票开售的那一天，彩票店再次挤成了城墙拐弯加炮台，这次我没有等，甚至没有使唤小三子——这小子手臭，我自己挤了半天，买了十条彩票。人群中我也看见了小神仙，他停了半日生意，也抢到了五条。

自这之后，聚在陆文琴门口的人更多了，他们大都买了陆文琴发起的“肉彩”，每束看着陆文琴的目光里，都已带上了一点儿挑肥拣瘦的苛刻，与人财兼得的满足。

《游戏报》几乎每天都有此事的报道与评论。小神仙说，李先生人促狭得来，他讲，自从陆文琴发起以身作彩之后，上海滩多了好几万“未来富翁候补娇客”。这话说得，我和小神仙脸上都有点儿讪讪的。

陆文琴本来有点走下坡的身价突然高昂起来。等闲的局根本不去，就算出去也是马车大轿，闲汉们等半天也未必看得见她半面。

而她的彩民，已经蔓延到了浦东、松江。

又有布告了！反正挤过一回，也不差再挤一回。我挤在人群里，听别人大声读着：“自小女子发起赈灾以来，善长仁翁莫不随缘乐助，文琴不才，薄有姿容，蒙诸君子错爱，想望颜色者甚众……今特发行洋装照片一种，每张小洋三角，成打者惠减为三元，意者请洽同福里四十七号高升行……”

我不买，坚决不买！这小婊子，门槛忒精了！

开彩前三天，小神仙忽然找到我，要把他那五条彩票卖给我。给个理由先？

小神仙吞吞吐吐地说，他等钱急用，只好忍痛割爱。十五条，不是比十条中彩机会大么？

俗话说：光棍眼，赛夹剪。我老谢都四十年光棍，还能看不出小神仙打的啥小九九？我躺在燕子窠里想了半天，做出了一个决定。

我拒绝了小神仙的请求，然后，出门，以每条五角的价格，将十条彩票处理给了鸿兴当铺的伙计陈大福。

开彩的那天，一起床，就听见满街人说：陆文琴跑了！陆文琴蹽了！碍着满街的愁苦，我只能把笑声藏在喉咙里。

出门，碰见小神仙，两人脸上都是暧昧的笑。突然想起王好婆日常念叨的话：陆文琴这只婊子，不知道将来什么下场！

淴 浴

赵世昌是老嫖客了。他从丹徒乡下到上海来，已有四五年，上海滩头，买笑寻欢，哪一处关节，赵大爷不是门儿清？他时常以《九尾龟》里的章秋谷自许，只有他调倌人的噱头，几曾见过倌人砍他的斧头？

“赵大爷，还是你嫖得精！”赵世昌每次在茶馆里吹他的嫖经，总有知情识趣的听众跷起大拇指。赵大爷哈哈一笑，几碗茶钱就都在他身上，说不定，还伺候一人一碗烂肉面。

岁末年终，四马路上人人犯愁。空心大少愁的是堂子里催开发局账，堂子里老鸨、倌人愁的是银楼、香水店、饭馆算总账，娘姨、大茶壶愁的是年节下大少们回乡的回乡，躲债的躲债，没人上门，谁来给他们小账？

“急景凋年，确是嫖家大忌，”一个花白胡子摸着自家胡子，深有体会的模样，“欠债太多的倌人，往往要借这个时候找瘟生，淴一把浴，任你好汉……”

“老先生，啥个叫淴浴？”一个生客操着外乡口音问。

花白胡子好脾气，慢吞吞地答他：“小兄弟，淴浴是四马路堂子里的行话，比喻妓女嫁人，将债务全部清脱，好似淴了个浴，浑身清爽，又好重新开张做生意哉！”

赵世昌鼻孔里一口冷气，被外乡人岔断了，到这时才哼出来。

“哼……哼，啊哟，吓人得来！他有张良计，我有过墙梯，咬定主意不媒不娶，看哪个咬我的卵脬？”

花白胡子被他噎得说不出话来：“你，你弗要……”

赵大爷哈哈一笑，站起身来，掸掸身上的土：“诸位，少陪，我还有恩相好等着，先走一步。”

他的“恩相好”叫陆品娥，是两个月前朋友荐给他的，出了十来个局，茶围也打了七八次，还未能一窥天台门径。品娥对赵大爷，也不能说不好，但总是不冷不热，坐末便坐，唱末小曲也唱几只，更阑夜深，从不留人，“借干铺”的话头，提也弗曾提得。

赵世昌是老手段，先时尚疑心陆品娥是以退为进，打听了一通，发现品娥近四五个月都不太搭理客人，个中原因，大家都不太了然。

今日腊月廿八，是祭灶的日子。赵世昌下定决心，今晚探个究竟。

红烛高烧，罗帐春浓。

转瞬间天昏地暗，隆隆雷声，一道闪电欲破未破，天地为之屏息。

赵世昌猛地从梦中惊醒，叫声不好，鞋都顾不得穿，噼里啪啦地直奔帐后的马桶。

一泻千里，紧皱的眉头才松弛下来。

方才在梦里，仿佛又回到了那一夜。酒阑客散，我诈醉倒在榻上，任娘姨、大小姐千呼万唤，也不理会。终于大家莫奈何，七手八脚扶我到床上歇了。

等到三更，我突然“醒”了，瞥见品娥就在隔壁床上，似乎转侧未眠。故意大声说：“怎么！醉成这样！”起身便走，有意晃过伊的床前，衣角果然被牵住了。

“半夜三更，往哪儿去？”声音里有着哀怨。

我顺势便倒在她床上，软玉温香，满怀都是。这下真的醉了。

这小妮子……

跟我呜咽，说从来遇人不淑，开头总是花言巧语，得手后就视若路人，随手抛弃。不知我是否也会如此？

我心里暗暗发笑。你是干什么的？口里当然指天发誓，哄得伊转悲为喜。

果然，不几天，就提出要嫁我。赵大爷会上这个当吗？只是一味敷衍。

不过品娥倒真是打我进门之后，就没接过客，也不再出局。戏子无义，婊子无情，她们倒舍得下这个本钱？

我防着品娥的“丁娘十索”，买头面，买衣衫，办家具……然而也没有。

偏生年下吃坏了肚子，日日十余趟马桶，医生见天上门，这一来，品娥索性收了买卖，一心一意侍候我，药亲自煎，亲自喂，油荤吃不得，每夜在房里熬一吊莲子白粥。

赵世昌有点儿得意，一面起身穿裤子，一面哼着“最难消受美~~人~~恩……”

隔壁似乎有什么响动？

他走到板壁前，透过缝里一张。啊哟！品娥脂粉不施，双目含泪，跪在当地。桌上点着一对素烛。

“菩萨保佑，千灾万难，小女子一人承担，只求赵郎身体康健，平安喜乐，小女子愿减寿十年，求菩萨慈悲……”

老江湖赵世昌，喉头也不免有些哽咽。

后来呢？后来，赵世昌有没有娶陆品娥？

如果你是赵世昌，我是陆品娥，你会不会娶我？

娶，当然娶！别说你像品娥那么好，你再坏我也娶你。

那，你怕不怕我是借你漶浴？

那，陆品娥是不是借赵大爷漶浴？

嘻嘻，我偏不说！

说吧，说吧，这两人结局究竟如何嘛？小妮子，真会熬人！

我不说，我要你娶了我，我再细细地告诉你。

夜　宴

“我在天津的时候，听人说过上海有个胡宝玉。琴轩，你在上海半年了，那究竟是怎样的风光？”他站在窗前，微微仰起头，似乎在打量壁上的字画，漫不经心的语气里其实有着一份好奇与紧张。

“雨翁，”申琴轩只是个道台，但忝为同乡至交，说话不必那么拘泥官场礼节，“雨翁，这个胡宝玉成名已久，架子相当大，不是什么人叫局都叫得来的。我来了这许久，也只在一品香见过一面。”

“听说这两年李巧玲红得很，贵相好金小红也是上海滩上一等一的红倌人，不知胡宝玉比她们如何？”

“唉呀，巧玲和小红哪能跟胡宝玉比！”申道台吐了吐舌头，“雨翁，我说个事你听，就知道胡宝玉有多出挑！别的倌人，也就是在堂子里红，总不能和绅商一并提说。只有这个胡宝玉，不得了，外面有个说法叫‘上海三胡’，你道是哪三胡？第一个，替左大帅襄办军饷的胡雪岩，第二个，书画双绝的胡公寿，第三个，就是大名鼎鼎的红倌人胡宝玉了！”

“哦，一个倌人何以会红成这样？”

“听说，伊极能带动风潮。上海四马路一带多少红粉翠珮，从前也不过是普通摆设家什，所以有身份的人总不愿在堂子里多流连。自从胡宝玉出道，向洋行订全套广南红木家具，用来铺房间，这下子漫说扫榻留客，便是住上十天半月，办理一切政事公务，都不致失了面子，所以士大夫趋之若鹜，一时间堂子纷纷跟着订红木家具，很挑了几家洋行发财哩！

“最难得的是，伊一个倌人，倒比朝中许多大佬懂事，伊常对人说：而今是外交世界，少不得要同夷人周旋。所以伊竟请到了一个广东的‘咸水妹’……”

“什么叫咸水妹？”雨翁听得兴趣盎然。

“咸水妹是广东话，说的是一些专接洋人的船家女子，上海的书寓倌人一向不大瞧得起的。这些人耳濡目染日久，大半通一两门夷语。胡宝玉结交了一个咸水妹，请伊到家里住着，每日驷车高马，招摇过市，就为的是学一点‘也司’、‘哪’的洋话，好跟洋人交际。”

“这么说，这个女子颇有头脑。但我前年听说，她为了一个戏子远走京师……”

“不错，我听人说过此事。雨翁，你久居北国，当然知道秦腔十三旦的名头，秦腔从来为都下士夫所鄙，难得十三旦色艺双绝，才让秦腔声震京华，连上海的戏园子都请他来唱。谁知一到沪上，就和宝玉勾搭上了。两人情热，是以十三旦约满返京，胡宝玉竟然随着入都。这件事轰动得很。大家都讲，胡宝玉对多少达官贵人都不假辞色，倒喜欢去姘戏子！什么杨月楼、黄月山……对胡宝玉的艳名帮助不少。”

一番话说得雨翁沉吟起来。他慢慢踱到桌前，伸出指节敲了敲大理石的桌面。“我倒想见识见识这位海上闻人！只是我后天就要率军南下，不知道今晚请不请得动这尊菩萨？”

琴轩忙趋前一步，赔着笑道：“雨翁是国之柱石，料胡宝玉也不敢拿糖……只是，只是堂子里的规矩，断没有初次见面就留宿的道理……”

雨翁呵呵大笑，用力拍拍琴轩的肩：“我哪里会想着有剪凳留宾的艳事？不过是想看看海上繁华而已！就这么定了，你替我邀几位好朋友，今晚我们先在一品香吃大菜叫局，再到胡宝玉家去吃个双台！”

灶披间里。

阿金和阿珠已经叽叽嘎嘎笑了好一阵子。好在客人们已经散了，也没有人管她们。

“今晚格丁大人真是吃瘪到家哉！你不见他头一摆一摆那样，得意来！讲炮船多大多凶，海浪末大得满船都是，他带兵巡阅有多少威风……”

“还有北方海港冬天会冻，所以他每年都要带兵船经过上海去南方，年年都可以来看我们先生……”

“大人末，文官阿拉见得多，武将末头一趟见，原来欢喜要豪气，喝酒要使大杯，搞得我代先生喝了五六杯，抵得平日十二三杯哩！”

“堂子里规矩半点也弗懂！花酒的账阿有现结的？笑煞！”

“你弗听他讲，后朝要坐船去南方，约摸是不想欠账……你当面讲明好了，一声不出，一大卷钞票放在汤碗边上，我去收台面，吓一大跳！”

“当时我看见你把眼睛看先生。先生定心得来，只说一句：‘哪能介小气？真是没见过世面，大人赏你们几个钱花，不来谢恩，立在那里做什么？’”

“谁敢谢赏啊？足足一百元呢。堂子规矩，吃双双台，赏娘姨、茶壶的下脚也不过四元。我们只敢看着丁大人，看他不做声，才齐齐上前磕头……”

“不骗你，我亲眼见的，丁大人的脸，绿了好一阵子。不过到底是大人，人倒架子不倒，呵呵大笑一通，也就遮过去了。”

“哎，你说，丁大人会不会再送酒账来？”

“我觉得会，当官的最怕失面子，喝了花酒不给账，面子往哪里摆？他不是每年都要来吗？”

阿珠猜中了一半。第二天，丁大人派了手下的戈什哈，送来三百元。

明年，后年，丁大人再也没有出现过。

过了几年。刚过了元宵节，消息传到上海，北洋水师提督、赏加尚书衔丁汝昌，在威海卫刘公岛自杀殉国。

胡宝玉有没有听到这则新闻？她还记不记得那位冤大头丁大人？她会不会愣上一阵，淡淡对阿珠说：早知是位忠臣，那一次不该砍他的斧头？

诗　妓

书房里静悄悄的。

那个叫老罗的仆人引我到这里坐地，奉上茶，道一声“先生自便”，就不见了踪影。主人不在，他或许有什么私下的勾当？燕子窠？花烟间？邻街的麻雀馆？还是都市的某一处，有个小寡妇在等着他？

洋场的这帮下人总是让人放心不下。几次跟主人说，换了老罗，似乎总是碍着同乡的情面，何况老罗办事也还得力，只是财色二字上定力差些。我自己用的小陈，又好得到哪里去？一天不去张园、大世界逛荡，就恹恹地没精神。

不去提他，主人未归，不免在架上取一册书，打发时光。

说起来还是东方式的过从较好，朋友通家，内眷不避，独自待在这书房里，便如在家中一般自在。哪像前日去怡和洋行拜访他们的大班，在会客室枯坐了半个时辰，只吞了两杯极苦的加非茶，还有白衣硬领的西崽防贼似的盯着你。

唔？这是什么？好像是主人昨夜写就的文章。这个老吴！正事从不打点，镇日里只在堂子里厮混，回来再写些花事艳迹，发在《游戏报》、《风月报》上，被人说成“嫖界指南”！好在洋场上大家脱略形迹，老吴一介布衣，也不怕声名有损。

且让我看看，这又是在捧哪位倌人的臭脚？

本姓黄氏……松江？或谓之皖人？倌人一向不肯承认自己是外

籍，不是苏杭，就是松江，大半靠不住……

主人笔下这位倌人，叫李苹香——这个名字我也常听人提起，走红也有十来年了吧？这些红倌人，身世都迷离得很，但也总有人热心打听，传闻无算，只不知有多少是真。

据说，李苹香的父亲当过四川广元的知县。所以伊从自小有先生教读。长成后许配刘家，可是这位黄大小姐，私下看上一个浮浪子弟小潘。伊好大本事，居然说动了伊母亲，趁到天竺进香之机，闹了一场假死，用一口装满砖瓦的棺材，打发了刘家。可怜刘家至今，大概仍当伊是未娶先亡的儿媳。

伊的母亲大约不是正室，不然岂会如此荒唐？！

母女二人与小潘一道流寓杭州，青楼生涯是可以赌定的。而且这位黄小姐，姿色才艺也不见得十分出众，从杭州做到苏州，再到上海，也不过是一名幺二。那时伊已改名叫李金莲。

四五年的幺二，在上海滩两三个月，就挤入了长三的行列。凭什么？李金莲会写诗。

我这才想起，我第一次是在哪里听到李金莲的名字。当然是一次饭局，那时李金莲已经晋升为长三，也已改名叫李苹香。几位熟人热轰轰地议论，说洋场竟然也出了一位诗妓，好像《儒林外史》里的沈琼枝那样的诗妓。

我明白他们为什么如此热衷。妓而能诗，据说已经是远古的事。尤其是沪上开埠以来，有贝之才，打得无贝之才落花流水。长三堂子的清倌人，会唱几部昆调，已经做出万般嘴脸，要死不活，幺二以下，更是只会代酒敬水果揩手巾。就算有人想把四马路当作倚红偎翠的大观园，哪里去找博雅通文的颦儿宝钗？

更何况，这名诗妓据说是官宦之后，这也挑动了许多宦游人的心思。

伊隐隐约约会被看做同僚的儿女，怜惜之心中，夹杂着一丝犯罪的快感。这番颠来倒去的心绪，便是无数诗题的来源。

故此李苹香声名大噪，坊间到处流传大人先生们赠伊的诗篇。至于这名诗妓自己的诗怎么样，反倒少人提及。

后来，李苹香出了一回丑。

某位退休大员很喜欢李苹香，时时过访，有时还在月下摆一桌酒，两人吟咏唱和，以乐晚年。

大员的诰命夫人发觉了这桩艳事。更糟糕的是，夫人发现，不只是老头子本人，自己的儿子和孙子，都与这位李小姐关系亲密。

这是不可容忍的，当然不可容忍。夫人指使家人将李苹香唤至公馆，逼着伊跪在烈日下的院子里，一面带着哭音痛斥这个败坏自家门风的狐狸精、贱货、小蹄子。

李苹香那个郁闷、狼狈、无奈。一口气转不过来，出府后，也顾不得诗妓的身份，放声痛哭。恩客们当然过来劝慰。

"吴老爷，侬讲讲看，阿是阿拉的错？开门做生意末，老的少的，总归是要接的。难道要他开祖宗三代的履历？"

事情就这样过去了。大员三代不再登门，李苹香依旧当她的诗妓，直到一位远戍的官员想纳伊为妾。

一直跟着伊的小潘翻了脸。他不敢通知黄家和刘家（那样他自己也脱不得干系），但他找到了李苹香的舅舅。虽然不知这位舅舅是真是假，但他一纸诉状，官府判李苹香不得为娼。

从此一年多没有伊的消息。据说伊和母亲去了宁波。

主人突然想起记这名倌人。是因为他前两天又见到了伊。依然是四马路，依然是标榜诗妓，只不过名字改了作"谢文漪"。

名字越改越雅，人品却越来越低！这种有文无行的女子，为什么大家还趋之若鹜地去捧伊?

看得出写字人的愤愤，一大团墨汁滴在纸边，洇湿了下面的好几张。

我不禁哑然失笑，摇着头，叫着主人的字:“趼人，趼人，你这是何苦?上海那么多倌人，连番淴浴的，肉身放赈的，丁娘十索的，为什么单挑着李苹香说事呢?”

顺手翻到了最后一页稿纸。作者果然是解人，他自问曰:上海娼亦多矣，予何独责一李苹香?

这个精怪，他早就知道我会这样问他!

而他的答案是:“正以其识字故。”因为伊是诗妓啊，士大夫视为禁脔的诗妓，怎可如此堕落?

见　夫

长江之干，花船众多。正是开筵时分，冷盘已经上齐，单等主人号令，热菜便可下锅。主人呢，红笺花签，已遍发各处，诸位大人正在清谈，以候芳驾。

一桌人都在听一个人讲见闻：

……界首镇，地跨河南、安徽两省，虽然是小地方，因为地处交通要道，姑娘多得不得了。诸位想想，镇里住宅拢共不过七八百户，能应客的姑娘倒有一千多位！……主要是江苏班跟河南班，南北口味都全的，哈哈……他们那里，管打茶围叫"上盘"，叫局是"出条子"，留客倒是叫"住局"……有一桩规矩最是古怪。书寓里每早是要拜佛的，假使头天晚上，哪怕只有一位姑娘，没有"住局"，连"上盘"也没有，好，书寓里所有姑娘在拜佛哩，一排排齐刷刷地跪搓衣板。有个名目，唤做"满堂警"。不消说，这是逼姑娘们生意上殷勤些，人人争先，莫拖累了同侪们，呵呵，跟始皇帝连坐之意也差不多……奇怪的是，倘若生意兴隆，人人都有住局，也要全体罚跪，也有名目，叫"满堂红"，你道怪不怪？……对，我也曾问来，知道的人说，因为妓多客少，若有满堂红的情况出现，多半是姑娘们太过巴结，自轻自贱，不免损了书寓的声价。诸位……

话没说完，舱外有人报："兰芳姑娘到。"帘子立即挑起。众人眼睛一亮，均转侧向外，要看看这张新近艳名大噪的面孔。

今天的主人，是湖北省政府的一位参事，借这只花船摆他的六十寿宴。但寿宴的东道不是他，反是保免县卸任的邓知事，因为亏空了公款，到省来另谋一个前程。这两个月邓知事凡应酬必到，依红偎翠，随手抛撒，是个极受欢迎的外场人物。他今天为参事出面祝寿，大家都纷纷在请帖上写"知"字，知道必有一场香风艳雨。

果然，邓知事开场便同众人讲，武昌群芳我们都看得熟厌了，须得有些新意思才好。听闻汉口新近有位倌人，色艺双绝，举止雍容，最难得的是身上不带风尘味道，一时间富商豪客，争掷缠头，更无虚日。邓知事为了今日之会，七日前便已遣人过江落了定。今日一宣布，诸客欢声雷动，只等着看这朵出淤泥而不染的莲花。

名妓就是名妓。不知是外面的日头猛烈还是珠光耀眼，款款步入的伊人，一时竟让人有不可逼视的感觉。正待揉揉双眼细细观赏，哗啦一声，邓知事连人带椅摔倒。他左手扶着桌面想站起来，右手已举起来，指着走进来的兰芳："你……"

只见兰芳（她的面容众人仍未看清）突然前冲几步，左手一把揪住还未完全站直的邓知事脖领，右手左右开弓，给了邓知事两个清脆响亮的耳刮子。同样清脆响亮的骂声在寂静的船舱震荡：

"好你个邓忠，整天沉溺勾栏，连家连老婆你都不要了！难为我到处找人，惹人耻笑，好容易才在这里逮到你！你看这满屋的狐狸精，你还有什么话说？！咱们一起到武昌去，上法庭去，我出首告你！告你在官挟妓，遗弃家庭，我看你还有什么脸面在官场上混！"

邓知事脸色铁青，额上已经是密密的汗珠，却一时撕掳不开。亏得两边有几位老成人，夹着些姑娘，做好做歹，将两人分开。邓知事不敢恋战，一面在旁人扶持下急急往舱口奔，一面嘴里嘟囔道："泼妇！泼妇！有什么事在家里讲，偏到外面来坍场面！……可翁，可翁，小弟先走一步，改日再奉酒谢罪！……”

声音渐渐远了。又有船橹的响动，看来邓知事回武昌了。众人回过头来，却见兰芳已经整了一下妆，款款立在那里。这才看清，伊长得颇清秀，瓜子脸，下巴颏有一颗淡淡的痣，虽然不算倾国倾城，放在脂粉堆里，别有一种韵味。

大家一时都没什么话说。良久，朋友里的一位方才说道：

“兰芳，你也太恶作剧了！……”

兰芳微微笑着，道：“尹公子，你要原谅我！我要不是先发制人，不免被那狗才拿到短处。你见过我几次的，须知道我并不是欢喜撒泼的人！”

眼波流转，将在座每个人看了一眼，道：“不好意思，扰了各位的雅兴。听说今日是一位大人的寿诞，小女子无以为敬，谨奉三杯为寿，待会儿再清唱几曲，为大人贺寿，兼给各位赔罪，好吗？”徐徐入座，拿过邓知事的酒杯，满饮了一杯。

席面渐渐活动。听见有人叫：“船家，拿揩布来！收拾一下！再添几个菜！乌师拉琴！大家入座吧！……”轰轰烈烈的寿筵开始了。

闯　宴

赵云千辛万苦，终于杀入重围，在山坳口寻得糜夫人与幼主阿斗。可是糜夫人不肯连累赵云，投井自尽。赵子龙将阿斗系在胸前，唱四句西皮散板，提枪上马，一路杀出去也。

彩声雷动。千多双眼睛跟着赵子龙的一颦一笑，一言一动，转身，起霸，剑眉凛凛生威，护背旗微微颤动。白盔白甲，映着几十支一百多瓦的电灯光，闪得男男女女眼中都起了爱慕，比台上的灯光还亮。

只他静静地看着。微微地难以察觉地点头。“四爷，杨月楼杨老板成名廿余年，人称活赵云，他的《长坂坡》，不值得您叫一声好么？”

他微微地侧头，嘴角有莫名的笑意，也有一丝悲凄。“杨月楼……杨月楼……的确是都下名角哪，他扮的赵云，我总有十年没有来看了……自从那桩事之后……”他转头问，“你知唔知呢个人，同我哋广东人有好重的过节？”

锣鼓声急，曹操八十三万大军五百里连营，赵子龙正在杀他的七进七出。一回头，他看见夏侯恩背上，有他一生的最爱，青釭。

十年前，杨月楼自京来沪，盛名藉藉，海上士女趋之若鹜。一曲《长坂坡》，迷得多少名媛贵妇心旌摇荡。其中有位徐太太，是我们广东人。她家老爷在江苏候补，家就安在上海。两年前老爷病逝，徐太太带着女儿过活。徐家称得上巨富，风韵犹存的徐太太也就成了上海滩出名的一只风蝶。

她看上了杨月楼。杨月楼见有这么一位又有钱、又风骚的寡妇太太垂青，当然也求之不得。两人干柴烈火了个把月。杨月楼甚至因此加了戏期，推了京津的包银。

可是徐太太不是一般人，杨月楼更是万众瞩目，私下来往，诸多不便。那段时候，我们也时时听到一些不堪的传闻，甚至快开戏了，还要去旅馆里找杨老板的事，也发生过多起。

又过了半个来月，广东同乡突然都听到一个惊人的传闻：徐太太要将十六岁的女儿嫁给杨月楼！！！这如何使得？徐太太不守妇道，结交优伶，同乡们虽然觉得名声不好，但也无可奈何，毕竟无凭无据，谁有闲心真的管她？现在情势不同了，徐老爷是我们粤籍官员，他的女儿，岂能嫁给下九流的戏子？这事传出去，上海全体广东人的脸面，都要被丢到黄浦江里去了！

我们一班广东缙绅，联名递了呈状到衙门里。那天，正是徐太太嫁女的好日子。

当时上海县的知县姓叶，也是广东人。这事与他切身相关，看了呈状，如何不急？如何不怒？立时发下签子，批捕拿人。

快班差役赶到杨月楼的住处，只见灯彩辉耀，宾客盈门，大堆贺礼堆在门房，账房先生急急地接待来人，笔不停挥地记录礼单。流水筵席刚开了一半，小伙计从厨房一趟一趟地上菜，酒香，菜香，吆喝声，打牌声……门房一侧，停着八抬的绿呢挂彩大轿，轿夫们正蹲在地上吃大碗头的菜饭，已经吃到了尾声，几个酒碗，菜碗，都见了底，有人已经在整理轿杠，看来，迎亲的轿子正要出发。

几个差役快步冲进门，门口的人竟没有防住，转眼间公差上了厅堂，正碰上一个满是菜肴的托盘，托盘下一张愕然的脸。一名公差一伸手，红烧百叶结滑溜里脊糖醋排骨撒满半空，碟子盘子噼里啪啦滚了一地，清脆的裂音盖过了还飘游在空中的鞭炮炸响。

满堂皆惊。静。只有一个声音大叫：“谁是杨月楼？杨月楼何在？”

没人回答。已有人奔入了后进。杨月楼唇红面白，礼帽还没戴，被推搡到了堂前。

快班班头知道县大老爷恨极此人，上去就是一个嘴巴：“走！”

事情并没有那么顺当。杨月楼从京里带了一个跟包来，名叫陈吉祥，诨名三猴子。本来在偏厅招呼宾客的跟班们，突然听得喧哗声与别不同，要紧出来看，却见主人被人抹肩头拢二臂押出堂来。陈吉祥极是伶俐，一眼瞥见廊下放着一大壶开水。上海的石库门房子，偏厅也是有二楼的，陈吉祥拎着开水奔上二楼，使劲一甩手（他学过一点武生架子），整壶开水飞到空中，天女散花般淋落。这一下，差役、傧相、吹鼓手、跟班、饭馆伙计，个个雨露均沾。连杨老板的俊脸上，也被烫上了一两个小水泡。

真好似马炸了营，驴惊了群，上百人争着往门口跑，挤，拥，叫。差役们权威尽失，一边护着杨月楼以防逃逸，一边忍受着身边跑过众人的冲撞刮擦。账房先生方才反应过来，本来想上前给差官们塞点银子，求他们莫亏待杨老板。这时不单挤不进院子，反被一大股人挤出门去，翻跌在当街，几乎牙都磕掉。

好不容易人都跑光了。差役们才灰头土脸地带着杨月楼回衙门交差。他们对杨月楼当然没好气，一路上拳打脚踢，将一件新裁的呢袍整得稀脏邋遢……

他一口气说了这么长，忍不住停下来“饮场”。茶房正好进包厢来掺开水，见状便等在一边。如此不便再说，大家停下来看戏。台上赵子龙力战八员曹将，翻翻滚滚，众人的卖力表现，只为衬托这位白袍英雄的威风，赵子龙战到酣处，一个大劈叉，起来时竟微微有些趔超，毕竟是岁月风尘多年。

“他的脚受过伤，”四爷淡淡地说，“本来应该是断掉的，休想再吃这碗戏饭！他命好，遇上沈月春……月春……”

茶房已经退出，但他好像想起了什么，一直没有再开口。

（续见《错爱》）

错 爱

沈月春是谁?

他不打算回答听者的好奇心，只管两眼盯着台上的杨月楼，看他踢斗，背飞，朝天蹬。好一阵子，才缓缓开口。

杨月楼被押到上海县正堂，脸是歪的，衣是斜的，头发是乱的，唔似赵云，似一旧云！叶知县已经等得不耐烦了，看看日头都已偏西，方见差役回堂销差，恨得三十六只牙齿咬成十八双。杨月楼堪堪跪下，话都没问，叶知县的签已经扔了一下。周围闻风而来的看客也已经焦躁了许多，此时个个伸长脖子，想看活赵云受刑的样子，一面估摸着会打多少板，五十？一百?

但是叶知县略略沙哑的，带着明显东莞口音的喝声，让所有在场的人都惊呆了，包括差役，包括我们这些原告。杨月楼当时，整定是顶门分开八片骨，一桶雪水倾下来——说书的不总爱说这词儿?

“与我取铁锤，锤这有玷官箴的混账东西，一千锤！”

班头愣了愣，赶紧小声请示：“锤哪里？”“他不是武角儿吗？锤足踝！”

这下连包厢里都按不住的一片咦呀惊奇。谁的脚踝能当得大锤一千？望望台上，难道那是个西贝货？或者，当日有人顶缸?

他未免有些得意，嘴角轻轻扬起，好故事人人都爱，会讲故事的人，少不得吊吊听众胃口。

杨月楼在上海的追慕者很多。敢想敢为的，却没几个——他太红了！不是人尖里的人尖儿，谁敢动他的脑筋？想动他，不仅有貌，还得有钱。女流之辈，能够自己使唤大把银子的，不是徐太太那样的阔寡妇，就只有红倌人了。内里最痴情的，就数沈月春。月春那双眼睛，在四马路见过几千几万人，也不曾亮一下，唯独见了杨月楼，就每夜粘在这茶园里，真是前世的冤孽！

他提到沈月春的名字，总有些异样。十年前，这也是欢场中老手，浪子里班头。莫非……想知道，又不敢问，不便问，心痒得来。

听说杨月楼要娶徐太太的女儿，月春好几晚都是恹恹的。伊的熟客里，广东大佬官很多，自然早早晓得我们要告杨月楼的事。这件婚事搅黄掉，当然合伊的心水，只是伊总归对杨月楼不能忘情，生怕他被抓到衙门里去，受不住王法熬煎。早早地派娘姨去请衙里的陆班头。不想这陆班头往日里好请，今天一大早，叶知县便升堂点卯、发签。陆班头哪里敢动？直熬到午时已过，才见陆班头急急地走进门口，一迭声问何事，又叫下碗面来吃，还要赶回县衙的。

月春平日虽也识得陆班头，向来并不放他在眼里，此刻说不得，也只能堆起笑脸，一厢命娘姨侍候他吃面，一厢款款问他杨案进展如何。陆班头说，弟兄拿人未归。

要是拿了人来，会怎样对付杨老板？

“大老爷这回气得顶心顶肺，刑不会轻。可怪的是，一早就叫人准备一把铁锤，不知做啥事用？”

月春的脸刷地一下，纸一般白。“铁锤能做啥事体？当然在往人身体上敲哉！陆班头，阿能想个法子？”

“啥法子？”

“阿能换个别样物事，敲到人身上弗痛格？侬想个法子，阿拉弗会亏待侬。”

陆班头停下手中的筷子，敲敲碗边。似乎是想替换的法子，又似乎是在盘算这个事体有多大干系，多大油水。想想，又吃口面。

“月春，这是欺瞒官长的大事哎。我有啥好处？”

一听这话，月春倒放下心来。肯开口要价，就是有办法。“事体介急，阿拉弗同侬讲价钿，大老爷要打多少随伊，杨老板弗要受苦，一下子，阿拉拨侬一两银子。”

陆班头低头吃面，听见此话，头也不抬，几口吃完面，道声“叨扰”，去了。照规矩，这是应了月春的请托。

你们该明白为什么杨月楼的腿没有残废吧？差役打他，用的是软木涂黑，仿制的铁锤，下手又有分寸，一千下，看上去筋骨俱断，实际上，养两个月就好了。

可是，仓猝之间，陆班头去哪里弄软木铁锤啊？

他有些不屑。傻仔！县里的班头，什么物事不曾预备下？板子、夹棍、拶子，都有假的。火到猪头烂，钱到事情办，当差的靠什么买地买房买小妾？

杨月楼挨了重刑，认了不合仗势凌人，强娶官亲，下到牢里。月春初时不敢去看他，只管大把银子送进去，照管衣食，褥子被子件件不缺，自有人每日一罐罐鸡汤送给他补身子。这也罢了，可怜月春一片痴心，平日进进出出，一围燕翅席，看得跟青菜豆腐一般，拣好的方动动筷子。那几天竟然声称不动荤腥，口里说是想些清淡饮食，伊家娘姨说，是在菩萨面前许了愿心，吃个长斋，替杨老板消灾。

月春的熟客都知道此事，脸上便有些酸酸的。有时强着月春喝杯酒，却总被伊推给娘姨代。

半个月后，月春突然不见了！举家搬迁一空，连当年的局账都没有收。熟客们都很诧异。只是寻不到人问个究竟。

那杨月楼呢？似乎不太关心沈月春，只是看着台上赵云，发问。

杨月楼吃了小半年官司，写了伏辩，判了逐出县境，回了北京。徐太太的女儿自然也没娶成。广东绅商的恶气也就出了。

……沈月春和杨月楼，似乎不应就此了局吧。

后来，有人在别的倌人撞见了月春堂子里的小大姐，才知道月春是去了杭州，在西湖边剃度出家。居然也有人动心要去访伊，几回去，都没有见着。

所以说，痴心女子负心汉！你们想，月春对杨月楼，总算是仁至义尽？一片苦心，打点着半个月后，他的伤将近好了，巴巴儿地买通牢头，进去见了杨月楼一面。

月春说，一直在为他茹素礼佛，愿他消灾解难，回头是岸。

牢头说，杨老板好大脾气，眼睛瞪了好大，跟着背转身，用力挥挥手："谁要你吃斋？谁要你忏佛？出去！我不认识你！"

啊，哦，呵，唉……有这样的女子，就有这样的男人。不知谁讲了这句。

长坂坡已到尾声。赵子龙遇到了张翼德，一段好长的念板。讲完，摇摇欲坠。子龙将军一日一夜不曾歇息，快快过桥，寻我大哥去吧！赵子龙怀抱阿斗，踉跄退场，临到场口，返身一个吊场，眼神里满是沧桑的光。

彩声雷动。好一个不老的赵云，再世的子龙。

花　榜

《游戏报》要开花榜。在一品香设宴，招待花界闻人，共襄盛举。

我因为时常在各色会上行走，游园会，赈灾会，演讲会，少不得到场助助兴，帮帮忙。因此呵，请柬上，也有在下小小的名号。前天茶房将请帖送到舍下，我一面赏他一角银洋，一面看那帖上，怕不总有二三十人，大体名字下都署了“知”字，没几个肯署“谢”字的。“看来老李的面子不小。”我边嘀咕，边在自己名下亦署了一个“知”字。

果然今日人来得齐。一品香订下的大房间，居然叫伙计加了一条边桌，方才堪堪坐下。老李被挤在主人位上，动弹不得。近来《游戏报》卖得不坏，他也便渐渐发了福。人多，略侧了身，向着门口，一迭声地叫手巾。十五烛光照在肉肉的颈上，时时闪出一道油光。

香槟，头盘，大菜，甜点心……手巾上了三把，咖啡茶也端到各人面前。老李立起来，拍拍掌，现场的喧嚷慢慢低了下去。

“列位，本报再开花榜，用意无非是激清扬浊，服务花丛。只是而今时移势易，我大清亟欲仿西方列强制度，订立宪政，我辈为民喉舌，亦不甘人后……”李胖子渐渐慷慨起来，一挥手，险然碰到右面卢小开的鼻尖，“从前咱们开花榜，无非是状元、榜眼、探花、传胪的名目，如今科举眼见已是行不去啦，花界久列洋场，自应与时俱进。兄弟的意思，索性选出个‘花国大皇帝’来！……”

李胖子还没说完，下面已是嚷成一片。果然是时代不同咧，头两年章疯子骂“载湉小丑”，亦不过在租界里服服劳役，谁还理会什么君威莫测！想想看，倌人们什么时候当过皇上？大少们又什么时候嫖过皇上？这花国皇帝一选出来，那还得了？

“不错，不错，选皇帝，实行宪政！立宪万岁！”

“朝廷预备立宪要九年之久，我们只要九天，哈哈！”

“这个皇上怕不得世袭？哈哈哈！……”

“到时我们在四马路办登基大典，全副仪仗！一直排到外滩！”

……

嘴里一跑起马来，就没了个边儿。到底有些老成人，比方赵晋芳，毕竟是四品同知，想得实在些：“列位！列位！……咱们不能只选皇帝呀，皇上也得有人辅佐不是？……既定了立宪，总得有个内阁，有个内阁总理大臣，有……”他说得慢，立即又被喧嚷声淹没：

“赵芬翁说得是！陆军部尚书！要看哪个战法最精！！”

“内务部呢？难道是房间铺得好？”

“外交部最好选，我心中已有了不二人选，说出来各位必定赞成……”

上海花界终于没能迎来自己的君主立宪政府，不是李胖子赵芬翁不卖力，只能怪……只能怪中国终于也没能拥有自己的君主立宪政府。他们说立宪要预备九年，还不到六年，皇帝就没有了。

上海花界是很有耐心的。客人和倌人们，在茶围与局票之间，在摆台与翻台的吆喝声中，在棋盘街与昼锦里的耳鬓厮磨里，民国成立了，总统选出来了，又复辟了，又共和了，又复辟了，又共和了……晃眼已是西元的1917年。

李胖子已经死了。赵芬翁回乡下了。我坐在南京路北段的一个咖啡座里，看到《新世界报》倡议“选举花国大总统”。

总编辑奚燕子这篇文章做得巧。他首先质问：现在的政府，我们满意吗？现在的总统，我们拥戴吗？他又问道：那些猪仔议员，把选票都卖给军阀了，卖给财阀了。我们无权选总统，无权选总理。我们总可以选一个自己最喜欢的姑娘吧？

那一瞬间，我似乎看到了李胖子挥舞的双手，看到了当年大世界"立宪万岁"的旗帜……我这个老白相人，上海滩油锅里浸了十年染缸泡了十年的窑皮，眼眶突然有一点点湿。

在新世界游乐场任何一个报摊，你都可以买到《新世界报》的百权选票，一块大洋一张。可是，连着三天，我都没有买到票。最后还是二层的老叶，给我留了一张。

这可真是个创举。以前《游戏报》开花榜，都是凭客人写往报社的荐函多少，再参考各花报舆论的观感，开出的榜单。你想想，谁能写信投往报社？谁又能代表舆论？一切都操纵在我们这个文人圈子手上。

但这次选总统，一元一票，谁都可以投，只需在选票上填写妓女姓名及住址（以防重名），将票放进新世界游乐场门口的票箱中。

三个月后，选举揭晓了。那天在新世界开票，人山人海，现场不少人打出横幅，上面有他们支持的倌人的名字，还有无数的花篮，无数的锦幛。

冠芳当选为花国大总统，副总统是菊第和贝锦，花务总理我认识，梅家衖的莲英。

听说，冠芳是有恩客为她买了两万张票才当选的。自然，冠芳的拥趸不会相信，他们总说，没有他们买票投票，苏州人冠芳怎么会当上花国大总统？其他人的支持者当然反过来，他们总在叫局时大谈某某人如何色艺双绝，如何艳冠群芳，却因为没有得力的客人，没能进入花国政府。

我支持莲英，可是我没多少钱。所以我心平气和，风月场里，什么时候不是在斗一个钱字？能吸引到有钱的客人，就是倌人的本事。

这场大选，自然也有冬烘先生在大报上横加批判，什么窃据名器喽，浇风流播喽，甚至有人呈请大总统查禁我们的大总统，呸，在租界里，谁吃你这套？

只有一篇文章，引起了我的共鸣。文章说，西洋人总喜欢用伟人的名字命名各种事物，什么瓦特炉、牛顿钟、歌德式教堂，从不认为是亵渎，如今，中国有了总统妓女，终于对传统的“名分”提出了挑战，“名分之说，为剥夺自由之恶魔”，因此，妓女当总统，正是老大中国的一种进化呀。

这位才子的高论令我深佩。我已经热爱上这种选举。显然新世界的想法与我一致，他们宣布，明年将继续评选第二届花国大总统。

规　矩

还是在讨论花榜章程的那当口。

有人清嗽了一声。说也怪，就像桌子下伸出多少只手，一条一条喉咙掐住，竟然比方才李胖子讲话，还要清静。我侧脸往首席看，只看见漆黑团龙马褂，满脸青青的胡髭。

我问旁边的吴茧仁："此人是谁？好大威风！"

"刘维忠。"

哦，难怪。的确是我们这行的人尖儿，丹桂戏院的老板。有人说，他是北京人，似乎还在旗。游客们在戏园子里叫局，丹桂是首选，地方大，宽敞，还干净，台上诸般机关，新奇好看，间或有西洋杂耍。倌人们也乐意去丹桂，那里的客人气派大，出手阔绰。

这个人要说话，大家理当洗耳恭听。

"列位，既然要改章程，就得改彻底。立宪这东西，咱们平日在报上看得多了，那玩意儿不讲出身，不论科班，只要有才干……直督袁大人，也不是两榜进士不是？咱们从前开花榜，评的是色，是艺，老李，你们不是还分过色榜、艺榜？这次再评，就不该光是色和艺啦，谁办得事好，也该进内阁！"

大家有点儿摸不着头脑。他这是说谁？花界不评色和艺，还评什么？

刘维忠不慌不忙："我推举一个人，选内务大臣。徐瑞卿。"

一阵慌乱，哗然。不少人在问：徐瑞卿是谁？她凭什么入选？势头不好，李胖子宣布翻台，去荟芳里，大家伙一哄而散。

到底是吴茧仁见多识广，一路上，慢慢跟我讲徐瑞卿是怎么回事。

近年堂子大盛，往往变成交际场合。有很多人，并没有嫖的兴致，但有时迫于应酬，有时被强拉硬拽，也须摆台叫局。本来就不是恩客，也没有熟的倌人，随随便便叫一个，来了之后，也不见得会唱，也不见得会应酬，有时默坐一会，就转台而去，局账照样要开发三块大洋。这不是冤大头么？长此以往，大人先生、富商豪贾多有厌倦之意，上海的北里事业岌岌可危。

徐瑞卿自己并非大红大紫的倌人，但是伊瞄准这个苗头，训练了两名雏妓，专教歌唱媚迎之技，教好了，一个取名“自鸣钟”，一个取名“八音盒”，出去应酬，一出必是一双，称为“小双挡”。来到后，各唱一曲，满席生风，取费也只三元。你想众人如何不愿意叫这种局？

而且上海堂子里规矩之严，你也知道。一旦某某倌人是朋友叫过的，你就不能再叫，否则便是“割靴腰”，悬为大忌。但是小双挡不过十一二岁，转台也好，翻台也罢，总归是声乐之娱，席上增色罢了。这样一来，争风吃醋的事情也就少多了。你说，这徐瑞卿的力量，是不是比洋场工部局还大？

那伊应该老有噱头啦？头啖汤一喝，大把钞票银元滚进荷包，而且，照侬讲法，伊算是花界救亡的风头人物，如何这两年不曾听人说起？

唉……吴茧仁长叹一声。徐瑞卿这个念头想得好，跟进的人也多，五六年前，雏妓盛极一时，几乎无局不带双挡，但也是因为太盛，工部局出了告示，勿准十五岁以下妓女应客。徐瑞卿的算盘就打不响了。

马车默默向前，前方已是韶华灯火。我想着多少年来花界风流，潮起潮灭。

刘维忠为什么要替徐瑞卿仗腰子？上海滩这样的日子还有多久？

吴茧仁坐在旁边，完全没有理会我在想什么。只听他“嘿”，轻笑了一声。

“怎么？”

“我想起刘维忠的一桩轶事，大大有名，侬要勿要听？”

刘老板也很喜欢逛堂子。他从不在丹桂叫局，多数是到书寓摆花酒。跟各书寓的头牌红倌人都稔熟。这一件事，我听好几个倌人讲起过。

好像是在荟芳里吧，哪家书寓，传闻有些参差。可以肯定的，是年关的当口。那日的堂子菜，双双台，例牌有红烧鱼翅。一个乌龟，就是大茶壶，颤颤地端了一大盆鱼翅，因为怕烫，还加了一个小木托盘在碗底。

大菜上桌，一席人的眼睛都在鱼翅上。独有刘老板眉头一皱，目光直射在大茶壶的衣服上。

说起来也是世风日下，堂子里的规矩也一天不如一天。那乌龟外面套的是全新的雪青湖绉，衣领口望进去，里面竟穿了一件狐皮大袄，似乎还是银狐的！

刘老板眉头渐渐舒展，招手唤乌龟过来。乌龟此时已将鱼翅碗摆好，恰在刘老板的右手边。一手拿着小托盘，颠颠地跑过来：“刘老爷，有什么吩咐？”

刘老板呵呵地笑着：“李四，侍候得好，把衣襟摊开，爷赏你个物件儿。”

李四想着必定是扳指呀、荷包呀一类东西。乐呵呵地摊开前襟。

哗的一声，一大盆热气腾腾的鱼翅兜底直泼到全新的湖绉、闪亮的银狐面上。李四被烫得嗷嗷直叫，仰面翻倒，砸翻了一个景泰蓝的痰盂。

刘老板伸手取过热毛巾，擦去手上的汤汁，眉毛都没抬一下。

“你穿了这个，叫我们爷们儿穿什么？”

辑二　食货志

食货：古书中对经济的统称。汉书·叙传下：『厥初生民，食货惟先。』

平　叛

“皇上到圆明园喽！”窗外这么一喊，二秃子爬起来就收拾家什，出门直奔西苑。不单是他这个卖烤白薯的，整个海淀镇，卖煎饼果子的，卖糖葫芦的，卖切糕的，卖羊头肉的……全都奔西苑而去。

干吗？出皇差？皇上有御膳房，不吃烤白薯。二秃子们的主顾是随侍的众多官吏，尤其是军机处的老爷们。皇上在圆明园待多久，可没准儿，军机处都得在西苑的临时直庐候着，拟旨，办公事。饭当然也管，可内务府偷懒，老闹得一班军机老爷半饥不饱，这就作成海淀镇多少小买卖人的衣食啊。

据二秃子说，照顾生意的不全是满语称“达拉密”的军机章京，那些大学士、尚书、侍郎什么的，也常自己跑到园子外来买吃食。夏天热的时候，有的老爷连朝褂也没穿。有的等不及，还没进园子就开始啃白薯。“这算什么呀？”二秃子得意洋洋地睨着旁边守红果摊的六狗儿，“我表哥，小顺子，知道吗？在宫里当苏拉，那买卖才叫常川生意呢！”

小顺子住在西华门内，正职是照管宫里消防用的大水缸，副业是卖豆汁儿烧饼。每日天还没亮，他就在午门北边侍卫房外面摆开他的摊子。早朝规矩是五点钟，四点来钟，主顾们就陆续来了，值夜班退下来的侍卫，上早朝的王公大臣，军机处轮值的章京，都喜欢来这儿喝碗豆汁儿，嚼个烧饼。小顺子这生意就趁个早点，不比那些太监卖糕饼水果的，一直到下午都有买卖。

一天，小顺子还没起床，听见外面有火枪声，然后是呵叱声，脚步声，火光映红了窗纸。小顺子吓得不敢起身。

天渐渐亮了。外面也没了声息。小顺子正想麻着胆子出门看看。突然，砰砰砰，门被拍得山响。战战兢兢开了门，一个侍卫满头大汗站在门外。

“有多少烧饼？全拿来！”

存货只有二十多，都拿走了。还好，给钱，没拖没欠。紧接着又拍别的门，砰砰砰。一条巷子挨家挨户搜吃的。

怎么回事？谁都闹不明白。过了半天，隐隐约约听说，有反贼乘皇上不在京，闯进了宫内！那要咱们的吃食干吗？听说侍卫们守住西华门，没东西吃，庄亲王派护卫买咱们的烧饼充军粮呢！

那反贼要是给剿立喽，咱也算有功？大概吧。

也算经历了一件大事。小顺子记在心里，等平了反贼，回海淀说给家里人听听，不把他们吓掉了魂！

时在嘉庆十八年闰八月，白莲教林清等人与宫内太监勾结，杀入宫内，事历五日五夜始平。史称“林清之变”。

winniej

招　商

甲午恩科状元钦赐进士及第翰林院修撰江宁文正书院山长张讳謇字季直号啬庵先生，近日异常郁闷。

想起去年正月，朝廷发布谕旨，准湖广总督张之洞奏，派张謇、陆润庠、丁立瀛三员，分别在南通州、苏州、镇江设立商务局。张、陆两位都是状元，是天下读书人中的翘楚，“状元办厂”，一时震动天下，南七北六十三省都在传说，朝廷这次真的是要实行重商主义啦。

一年过去了，比他整整大十二岁的陆润庠，他的苏纶纱厂已经隆隆动工，可是张謇的大生纱厂呢？还是一片荒地！

张謇叹了口气，缓步踱到书房的窗前，窗户正对着花园，不过是早春，腊梅开得正艳。若是往年，正是消寒迎春的好时节，修禊、诗钟、文会联袂而来，哪张帖子少得了殿撰公的大名？而今自己坐困愁城，儒林来客，一律挡驾，连架上的图书，也孤单了半年有余……眼光转向壁上的一张条幅，那是半年前写的，中间有句，特别的刺目——“言商仍向儒”，嘿嘿，照如此这样，还怎么儒得下去？

他不是没有预备纱厂招股的为难，早在前年冬天，他就已经在江南四处活动，奔走两月，除他以外，张謇邀请了六位董事，一起协商认办纱厂。三位本地绅士，都是花布商，三位上海人，一个捐班知府，两位洋行买办，人称“通、沪六董”。邀得这几位加盟，原料、工作、销场、资金都有了数，再加上自己的官场学林人望，他觉得胜券在握。一切议定，这才知会湖广总督张之洞，上奏朝廷，兴办实业。

当时说得清楚，纱厂“官招商办”，预计招股六十万两，一百两一股，共计六千股。其中通州、海门占二十万，上海招股四十万。张謇深知通海绅商财力有限，还追加了一句，如果通海股份招不足，再由上海集补。

选办纱厂，他是有把握的。开埠五十余年，洋纱土布，优劣自不待言，但西洋纱布只能售卖沿海一带，内地市场尚属空虚，华商兴办纱厂，原料、人工、运费都较西商为廉，浮平折算，一百两一股，一年可以有廿二两的红利，很不错了。

哪知道选址之后，奠基、浚港、筑岸、建造厂栈，通海的银子已经去了二万多两，上海的股本却连影子都看不着半点。发信去催，着人去催，潘华茂、郭勋两个洋行大班，倒会打官腔！说什么沪股四十万，咄嗟可办，只是通海出多少，上海便出多少，而且，要由上海方面管理……这分明是信不过纱厂能生利，想反悔，想撤股，又惮于协议墨迹未干，故意刁难！

可是上海的股本不来，通州、海门真的招不来偌许的大笔钱财，拖延到去年七月开董事会，早该到货的二万锭纱机一锭未办，白撂着厂房、栈房、宿房在那里吹江风。

那时他真的有些后悔了。张謇走到桌前，坐下，搓搓手，提起有些冻住的狼毫，呵了几口，继续给武昌鄂督衙门里的幕僚赵凤昌写信。

我张謇并不是不知道自己出身寒门，儒读半世，岂敢轻易答应办厂之事？只不过咸同以来，国事日非，书生报国无门，而且愈来愈为世人所轻，说起来，总是“空言负气，清谈误国”几句评语，反过来，书生也愈来愈愤世嫉俗……社会所看重的，一是秉政柄者，一是拥巨资者，然而有权者昏瘠愚蔽，难与谋事，有财者又无心济世，忍看厦倾，国家教育远未发达，能只手擎天、扭转乾坤之人自然无生长之壤。思之再三，能与当权者议政，又能与拥资者谋者的，也只有我辈勉强任之，踟躇多日，才应承下来，至于屈己从人，腆颜求进，哪里能计较得许多？

他搁下了笔，盘算着下面如何措辞。

上海商人首鼠两端，食言而肥，官场中人又何尝信得过？中兴以来，办了多少洋务，哪一个不办成尾大不掉、亏空万端？所以办厂动议之初，盛宣怀这个最大的官员兼商人，分别写信给张之洞、张謇，力劝他们“务必商办”，不要沾染官股。杏荪这个人城府甚深，这话却很投合自己和张之洞的脾胃，官府一旦插手实业，厂方马上变成衙门，这样的先例还少吗？

可是商股无着，骑虎难下，不向官府伸手，我张季直一介书生，空顶着个状元的头衔，难道就能变出机器、纱布来吗？正好，去年上海纱市败坏，几家纱厂都有意停办或出卖，但大生手里没有真金白银，只有上海商务局手里……

三年前，湖北向地亚士洋行购买了四万余枚纱锭，因为总督易人，这批货就堆在杨树浦，无人过问。刘坤一任两江总督，急于脱手，令上海商务局道台桂嵩庆将其贱价出卖，但一时谁有钱来买这些锈烂的“官机”？这时候张謇出手了。

双方达成协议，将四万锭官机折价五十万两，入股大生纱厂，另外招股五十万两。这一来，“官招商办”变成了“官商合办”。

“也许真的是错了……”又是四个月过去，张謇在上海和通海之间，不知跑了多少趟。谁料到，上海的买办们托辞纱市不景气，头寸难调，沪股依旧迁延无着，这边厢，通海的股东也开始打退堂鼓。他们说，官股占了一半，官府肯定会派总办、会办来管理工厂，专权垄断，欺凌商人不说，不是自家的生意，“崽卖爷田，谁会心疼”？张謇为了招股，办了好几回宴席，相熟的绅商也一一登门，便只要提到“纱股”二字，好脾气的微笑不答，交情差点儿的，直截把脸扭到一边儿去。张謇少时家境不坏，入幕后与吴长庆宾主相得，应考时更是深得清流重臣如潘祖荫、翁同龢、李鸿藻的青眼，除了那次冒籍案发（那也主要是父亲应付），几时受过这样的气呵？

但是箭在弦上，不得不发，不收官股，又有什么出路？他只好向此次倡办实业的带头人张之洞求援了，当然信不能直接写给总督大人，只好托老友赵凤昌居中转圜。

兀自沉吟，倒有家人来报，武昌府有信来。他心里别地一跳，吩咐了账房款待来人，拆开信，正是赵凤昌写的。

张謇办厂的困境，武昌方面也略有所闻。这封信明显是张之洞的意思，邀请他去武昌看看湖北的“新政”，大家讨论讨论，“或能为吾兄谋一妥途”。

也只能这样了。留在通海，也不过是愁白了头，去武昌走走，或许倒能生发点路子……毕竟这是张南皮奏办下来的事，他亦不应坐视吧？

他走到窗前，扬声叫家人张祥，“去订一只官船，明朝上水去武昌……出门时顺便往里面带个话，我还要访两个客，晚些回来……叫账房好生招待武昌来人，照常例打发……”

张謇将未写完的信笺小心地折了起来，夹进架上的文件包里。留待他日自订年谱用吧，他自嘲地想。

跟包的捧着出门的大衣服，已经跨进了书房门。

从武昌回来，张謇觉得神清气爽。

他参观了天下知名的两湖书院，“规模宏厂，天下无对”，这很合他“新政教育为先”的理念，铁厂、枪炮厂，都是西人率众教练，产出的货品，非李鸿章创办的江南制造局出产可比。

“香帅，”张謇大为高兴，不吝赞叹，“湖北的实业，天下第一，西人之艺，尽萃于此，爵相、岘帅老迈，大清中兴之机，我看是在两湖了！”

张之洞最喜欢别人说他比李鸿章、刘坤一强，湖北新政又确实是得意之笔，所以两人谈得入港，交情又深了一层。

不过，张之洞再肯帮忙，总不能帮张謇招齐商股。他约张謇、赵凤昌深夜密谈，听说了招股的难处，想了两日，倒想出了一个法子。

“季直，我听你说来说去，主要是两点难办，一是资金过巨，难于筹措，二是官商合办，不能取信于商。这样……”

张之洞的法子，是将那折价五十万两的官机对半平分，让刘坤一捺着盛宣怀，与张謇“合领分办”，在通海、上海各设一厂。这样一来，张謇只需筹够二十五万两股本就可以开办大生纱厂，先把厂办起来，将来再扩大规模。

至于商家的疑虑，张之洞表示，由他去向刘坤一说项，将“官商合办”改为“绅领商办”，等于张謇用自己的名誉，为商股作保，这样官股虽然仍占一半，却不必插手人事生产销售诸权，只要按时领取“官利”即可。

这种方式，也只有大生纱厂才做得到。一方面，张謇翰苑清彦，望重天下，与张之洞、刘坤一都有交情，官府由他代管纱厂，于情于理都说得过去；另一方面，通州商家对这位状元公也很信得过，知道他不会“崽卖爷田”。

张謇又一次信心满满地奔走在通沪道上。

但他万万没料到，上海商人仍然不看好大生纱厂，几位沪董先后辞职，商股全都着落在通州、海门两个小地方。到转过年来，厂房还未完全建好，张謇筹到的六万多两银子又已花得干干净净。

他只能又向上海的官僚们求援。

当时纱锭入股时，上海商务局道台桂嵩庆曾拍着胸脯答应他，一旦工厂建成，他至少可以助集五六万股本，纱锭一出手，姓桂的像是没事人一般，一次两次去上海，根本见不到人。还有盛宣怀，一直高唱“商办为优”，也曾答应过鼎力相助，而今同样绝口不提，百般躲闪。

盛宣怀，张謇管不着，桂嵩庆这小子，你可是在总督衙门夸下的海口！张謇好不容易在两江总督府揪住他一次，也不顾官体，一直就扭着去见刘坤一。刘制台呢，口头说两句罢了，胳膊肘还能往外拐吗？

张謇真是没法子了，山穷水尽，连回南通的旅费都支绌得很，只好在《申报》上登了告示：状元张謇，于四马路售字三日，观者莫失良机。唉，说来惭愧得很！

这还不算，张謇回到南通才发现，那所谓折价五十万两的“官机”运到了，堆在浦江边上，三年风吹日晒，只有一半可以勉强开动，其他的，还得借款购买零件来修补，折腾了六个多月，大生纱厂的账目上又蚀去了七万多两。

光绪二十四年（1898）冬，张謇刚刚目睹了百日维新的夭折、惊闻了六君子的死难，还在为囚居于瀛台的德宗皇帝与软禁于常熟的老师翁同龢等人的命运揪心不已。但大生纱厂的危机逼得他无暇他顾，只能从政治危机中转过身来。

十一月十二日到二十五日，十四天内，张謇连发五信给刘坤一，三电张之洞、盛宣怀，内容只有一个：求款。商股招不到，官股又求不得，张謇一咬牙，说出了他最不愿意说的威胁：

实在不行，请大帅另派人接办；还不行，就招洋股吧，日本人早就想注资了！如果不允许招洋股，又不能拨款，我只能将前后事项写入奏折，直接请南洋大臣代奏。事至今日，谦逊无益，宁可我逼人，不可让人逼我！

此时的张謇，哪里还讲什么状元身份，儒林涵养？关键是要买棉，开机，出纱！

刘坤一毕竟有所忌惮，终于从地方公款拨了部分给大生纱厂——且慢，钱不是江宁藩库拨出来，而是由南通州转扣，难道通州知州汪树棠就那么好说话吗？

年前大生纱厂议定上报之时，汪树棠满口答应协力同心，可是如今烟不见一柱，纱不见一缕，银不见一锭，倒要他从肋条骨上捋钱下来，如何甘心？先前，刘坤一命他“协力劝募”，他一把签洒下去，差役四出，上街下乡，鸡飞狗走，民怨沸腾，都说是张状元逼敛民财，搞得张謇哭笑不得，还得备了手帖去劝汪知州“缓行劝募”。而今汪树棠接到制台衙门拨款的手令，不好说不给，却另使了一个坏招。

他把地方上“宾兴”、“公车”两项费用挪用来拨给张謇。这是秀才上省乡试、举人上京会试的津贴费，在大生纱厂不过是杯水车薪，在许多穷书生却是一生的指望，消息一出，三百多秀才立即联名递呈，并计议在明伦堂集会，声讨张謇。

总之，底下有人使袢子，上面有人上眼药——浙江候补道朱幼鸿上书刘坤一，称“张謇乱要钱，大帅勿为所蒙，厂在哪里？哪有此事？”其实此人想浑水摸鱼，把大生纱厂搞过来自己办。这许多焦头烂额的事，张謇是如何一一平息的，不必多述。

张謇来往沪上的旅费，一年多来，一直是靠卖字筹措。他小时候看戏，戏里总有穷书生无钱上京赶考，沿途卖字维持。想不到他自己上京会考六次，不曾落魄到卖字为生，大魁天下之后，反正要靠砚田笔耕来跑上海，想想真是可笑。

比较著名的一个镜头是：张謇曾困居上海两月，无人理睬，也无人接济，能来“苦语相慰者”，不过郑孝胥何嗣焜等二三子而已。入夜之后，旅居喧嚣，张状元只得约上朋友，在大马路泥城桥一带徘徊，上海人叫“轧马路”是也。上海白得有些惨淡的路灯光，照着这位四十六岁的翰林院修撰、江苏商务局总理、大生纱厂董事长。

只能说天不绝人，大生纱厂三月开工，夏秋之间，棉纱行市大涨，洋纱供不应求，而位于南通的大生纱厂优势开始显现：工人来源充足、原料就地购进、工资较上海为低。张謇的纱厂在动议的第五年，出纱的第一年，终于抹去了账面的赤字，纯利是五万两。

两年来头一回，不需要卖字，张謇状元来到南京，谒见两江总督刘坤一。五年来，张謇给刘坤一出了多少建议，刘有用有不用，要了多少回钱，刘有给有不给，辞了多少回职，刘一概不准。这次见面，倒没有什么事，张謇却一改简要撮述的日记习惯，详细记录两人见面的状况：

> 刘制台满面堆笑，拱手称谢：“殿撰公辛苦！本部堂给殿撰公道乏！不日保案，先生定居前列。”
>
> 张状元手一摆：“纱好，是因为土壤好，天气好，跟人没什么关系。”
>
> 刘制台还是笑容满面：“哪里，哪里，都是先生之功……”
>
> 张状元截住他：“不敢，办事都是各位董事与执事人员的辛劳，謇何功之有？”
>
> 刘制台有一点儿尴尬，不过毕竟老成，仍然和颜悦色：“先生不居功，但总吃了不少苦……”

张状元还是不给面子："苦是自己吃的，不敢有所抱怨。"

刘制台无语，干咳了一声，望望左右，才又开口："此次事成，两江上下均感欣慰，实业之兴，指日可待。先生放手去做，就算折本，也是不妨事的……"

张状元擦擦鼻子，冷笑了一声："不成则已，只要成，哪有折本之理？"

日记至此中断。我想刘制台也再没什么好说的了，只能任张状元出这一口五年的恶气，打个哈哈，端茶送客罢了。

房　价

没错，是90年代，不过不是20世纪，是19世纪，大清光绪年间。

《京话日报》主编彭翼仲，不是因为得罪袁大头给发到新疆去了吗？辛亥后他又回了北京，接着办《中华报》，还出了本《彭翼仲五十年历史》。不看不知道，一看吓一跳，原来这个梅兰芳专门编《孽海波澜》歌颂过的维新报人，差点儿成为北京房地产界的大牛。

彭翼仲是江苏长洲人，他父亲把全家带到北京。彭老太爷做了几十年京官，也就凑合着在保定寺街有一所破房子一家子人自己住。穷京官就是这样，全靠外地进京的官员冰炭两敬，还有就是同乡举人的印结费过活，稍有点风吹草动，就得上当铺。这样的家底，禁得起折腾吗？可是天不佑德，屋漏还真碰上连夜雨。庚寅年（1890）阴历五月起，开始下倾盆大雨，一直下到六月，虽然比不上马尔克斯记忆中的百日大雨，但也下了五十多天，以当时北京城的排水系统，您可以想象成了什么样子，水像河流一样从城内往城外涌，街上深的地方能淹没大车轮子，浅的地方也能到马腹。连明朝带清代五百年帝都，从没见过这么大雨！

彭家早就淋透了，彭翼仲让老爹打着伞坐在稍干的地方，自己蹲在墙角，结果半夜墙倒了，差点儿没把他砸死，没办法，手心朝下求人，借了长元会馆几间房安身。等雨停了回家一看，屋顶都还在，墙全倒了，十几间凉亭！修吧，得三百两银子，哥几个拼拼凑凑算是把这事儿了啦。怎么？老头子说这屋死过三口人，坚决不搬回去。您不早说？彭翼仲都快急死了。

还是朋友帮忙，给他们家再找一所房子，把原先的住处租出去。两边租金相抵，不也一样吗？彭翼仲松了口气。就在这个时候，否极泰来了，有人要买他们保安寺街的房子。我猜老彭肯定碰上了个好中介，卖完一对账，除了原价和修房的钱，他净赚了六百两！

老彭是聪明人，六百两够干嘛？可是整个京城，被大雨冲塌的院子屋子有多少？像彭家这样无力修缮的又有多少？租人家房子，雨后没地儿住，急着买房的人又有多少？彭翼仲拿这六百两银子去买烂房子，修好再卖，随买随修，随修随卖，他自己说："俨然一小建筑公司也。"每一处房子，至少能获利三倍。两三年下来，老彭赚的钱已经在一万以上！

要这么发展下去，彭翼仲兴许就不会办什么《京话日报》了，即使办，也能像美查、英敛之一样，弄出个《申报》、《大公报》那样的大报来。何至于困苦到除夕夜为了二百两银子的债差点上吊？可惜呀，他不是活在 1995 年，而是 1895 年。

这一年，中日甲午战争爆发，黄海一战，北洋水师全军覆没，谣言四起，日本人已经占了威海卫，逼近锦州，就快入京了！大户人家纷纷外逃，京师十室九空，房价一落千丈。这场从朝鲜半岛引发的战争，成了 19 世纪 90 年代北京房地产界的 9·11。而崭露头角的"房地产开发商"彭翼仲，就这样结束了自己的业界生涯。

股灾

他们说，上海开埠以来，从来没有过那么大的一场灾难，就连闹太平天国，闹小刀会，都没见那么多上海人哭哇。

我记得那一年，宣统皇帝登基还没几个月，北边来的人说，国服还没除哩，戏园子里也都没开箱。他们走进我的栈房，把一张报纸狠命地拍在柜台上：

“你还在发梦呢？发财的机会就在眼前！！”

那是一张老《申报》。或者《新闻报》也说不定？总之是大报。五版上通栏三号大字标题：《今后之橡皮世界》。我正待细看内容，一把手呼的一声将报纸抓起来：

“阿六，勿要讲做兄弟的不照应侬！遍地黄金，看侬捡不捡！兄弟几个商量凑股的事，晏歇见！”

一阵风似的跑走了。弄得我晕头晕脑想了半日。

后来我从隔壁借到了报纸，坐在门口细细地读。黄浦江浪哗哗地拍击着外国大轮船，似乎在向上海人诵读着一个世界。

那篇文章说，如今世界的汽车工业飞速发展，（是啊，上海的汽车招牌老早就两百多号了）造汽车需要啥？轮胎。轮胎啥做的？橡皮呀。所以世界上新开的橡皮公司，多得邪气。橡皮这个东西，是从树上长出来的，树末，斐洲，亚洲，到处都是的呀。（是的呀）只要你去割，总归是有的。（有道理哦）所以拿钱去买橡皮股票，就好比请人去斐洲帮你割橡皮。（说的也是）橡皮定规是不愁卖的，所以买橡皮股票，稳赚不赔。

这不是啥新闻嘛。橡皮股票赚钱，老早有人说了。两三年前，有一家叫做什么“英渣华”的公司，发的橡皮股票，一股一块英国钱，他们说，合九两银子。吓！大把银子捧出去，只买到一张纸！不过橡皮股票价钱涨得大极了，才五六个月，竟然涨到了三十两银子！也是一张纸。阿是吓煞人？

不过那时的橡皮股票，只卖外国人，上海人总要做到康伯度，才好涎着脸求大班代买几股，空看着银子水一样淌过眼前。《今后之橡皮世界》结末却说：英人麦边，鉴于橡皮世界指日可待，特成立兰格志橡皮公司，发行股票，欢迎商民购买。哦，他们说的发财机会，原来是这个呀？

好是好，靠勿靠得牢？他们说，不会有错的，这又不是广告，是报纸上的署名文章！侬定定眼睛看着，还会有好消息的。

好消息果然来了。报上说，兰格志橡皮公司招股完毕，即日成立，董事会将每周开会，公布最新发展。又过了几天，他们架着我去了电影院，说兰格志公司免费招待。我一看，好大一批种植园，一棵棵橡皮树撑破了银幕，有许许多多工人穿着短衫短裤，佩着橡皮刀，走来走去地割橡皮。

电影说，兰格志公司不仅采割橡皮，还在全世界开采石油、煤炭和木材。他们说，董事会说了，股票每年分红有四成五！四成五？那两年不就回本了吗？是呀，他们说，红利还可以滚入股票，阿六，这比放高利贷还赚呢！

七天后，他们说，董事会又开会了，会前收到了新加坡来电，橡皮今年丰收！还有伦敦橡皮市场，橡皮股票一小时一小时往上涨，就快抢疯了！

又过十来天，他们冲进了我的栈房，掐着我的脖子，狂吼：阿六！阿六！他妈的你还不买就去死吧！我们将来住洋房吃大菜坐马车斗番狗时你去死吧！我好不容易把卡住我脖颈的手拿下来，在一片烂糟糟的吵闹中费劲地问明白：兰格志橡皮公司规程出来了，股票发行用期货交易方式，先认购，三个月或六个月后再交割。照他们看来，这不是空口袋背米，把钱往你怀里砸吗？现在十两银子一股认购，不交钱，等到半年后涨到三四十两再买再抛，无本万利！无本万利！

好东西总不是容易得来的。他们说，兰格志公司指定了，某月某日在什么地方预约登记，某月某日又在汇丰银行门口排队领股。他们摩拳擦掌，准备被服铺盖、草席马桶，抽签决定通宵排队的轮次。

那天我起得比平时早，可是栈房里有几单货要发，等我赶到汇丰银行门口，却惊讶地发现，大街上无人排候，只有几个红头阿三晃来晃去，地上噼里啪啦散放着许多单只的鞋。

我纳闷地往回走，到栈房门口，才发现他们已经聚在那里破口大骂。他们说，早上的汇丰银行门口，人山人海，轧死人哉！大门一开，大伙儿一气狂冲，翻倒踩踏，秩序大乱，早已埋伏好的巡捕（冲出来那么快，不是早埋伏好才怪！）趁机冲出来，拿着警棍往群众头上乱打（有人给我看额角的伤口），汇丰于是强行关上了大门，通知改期缴款。

第二天大小报纸无不刊登购股狂潮，全市轰动。他们包好头上伤口，穿着另一双鞋子，又是通宵前往排队。我终于忍不住了，停了栈房的生意，跟着他们去缴款。可是等了一天一夜，你也缴不了全款，一百股以上，只能交一成的钱，随你怎么拿钱往他们手里送，汇丰的职员根本不收。

整个上海的胃口都被吊起来了。一转眼，兰格志橡皮股票像飞一样地往天空飘扬。我晕晕乎乎，他们告诉，我已经发财了！原价十先令，不到六两银子一股的股票，现在有人愿意出七十两一股。那咱们抛了吧？他们一个巴掌扇过来：你疯了吗？涨的时节还在后头哩！

谁会抛啊？才三个月，发行股票才三个月，兰格志公司已经在派发股息了。每股可以得十二两半，哇，这是个聚宝盆呢，抛？你当我是阿木林吗？

后来的人买不到橡皮股票，于是新的橡皮公司开张了，反正只要是姓橡皮的，都一定不愁卖。只一年工夫，上海的橡皮公司已经到了四十多家，上海人追买橡皮股票的狂潮达到了顶点，不要说想调一点头寸难于登天，太太小姐们的首饰、头面、钻戒，要想廉价脱手，都找不到买主。麦加利、汇丰、花旗几家银行都对外宣布，橡皮股票可以向银行抵押借款。这就好像往沸油锅里浇了一瓢凉水。我看报上说，整个上海投向橡皮股票的资金，已经超过了四千五百万两银子。

宣统二年（1910）三四月间，橡皮股票价格到达了巅峰。晚发的那些，像汇通洋行发行的地傍橡皮公司股票，票面是八两规银，市价涨到了六十六两。橡皮股票的鼻祖，麦边洋行发行的兰格志橡皮股票，三月底涨到了每股规银一千六百五十两，是原票面价的二百七十五倍！已经抛掉的人，垂头丧气，还持有的人，洋洋得意。

后来他们说，麦边洋行在推广兰格志橡皮股票时，一直在猛力砸钱，拖死了多少空头！保证兰格志股票只涨不跌。有个叫刘柏生的富商，一度想做空头，狂抛了一批兰格志股票，希望把股价降下去，再抄底吃进。但是麦边洋行死撑股价，抛多少吃多少，弄得刘柏生到了股票交割期无股可交，只好高价补进，大伤元气。

五月，麦边洋行大量抛售兰格志橡皮股票。七月，外商银行集体宣布，停止橡皮股票押款。

狂飙突起。上海人被打蒙了。他们像去年抢购股票一样，冲去众业公所抢抛股票，但哪里来得及？橡皮股票几日之间，从平均每股九十多两规银，急跌到每股三两不到，而且有卖无买，橡皮股票顿时成了死市。

众业公所，上海最大的市民股票交易所，倒闭。

公所门口集聚着大量的人群，哭，喊，泣，撞头，上吊，晕厥，猝死……人群中不知谁喊了一句：早死早超生！

活着的，苦日子还在后头。七月二十一、二十二两天，正元、谦余、兆康三家钱庄连续倒闭；升大、余大、瑞大、承大四家钱庄被迫宣告清理。史称“三庄倒闭，四大皆空”。呼喇喇，上海市面空前萧条，人人自危，户户惊恐。

上海道台蔡乃煌弭平了这场风波。他自己也购买了大量橡皮股票，他不会让自己的银子白白丧失的。虽然我不知道他是怎么运作的，但他居然说服了两江总督张人骏，由政府出面来清偿倒闭钱庄的债务。

洋行赚了大钱（他们说，有两千万两之巨），银行毫发无损，多数钱庄也靠着官府熬了下来。那是谁受了大损失呢？

我去问他们，他们个个衣衫散乱，红着双眼：

狗日的！小赤佬！搞一场股票，比打一场仗赔款还多！

有人是打天津来的，他远远瞅着江里的大轮船，字正腔圆地骂了一句：

我操你们这些洋行大班的祖宗！

史　带

如果你回到20世纪30年代的上海，跟人提起“Starr”这个名字，不会有人想到带有色情成分的检察报告，和办理莱温斯基案的那位独立检察官。他们会告诉你，那是美国来的“远东保险王”，上海人都叫他“史带”。

据说，来中国前，这个美国人是没有毕业的加利福尼亚大学法律系学生，小报新闻记者，保险公司掮客，也在律师事务所当过BOY。他曾经隔着威士忌加苏打的气泡告诉旁人，他因为一桩敲诈案，得罪了洛杉矶的意大利帮老大，他用上司给的遣散金买了张去越南的船票。在越南干什么？猎象！听话的人暗暗发誓，下次要趁他威士忌没喝那么多时，重问一次在越南的经历。

史带第一次出现在上海滩，是民国五年，身边只带一只旧皮包，住不起旅馆，也住不起公寓，只在四川路南京路的转角，赁了一间阁楼，上海人叫“老虎窗”的住住。

他当然想弄个大班或大律师干干，但谁认识他呢？只能在《字林西报》做一个Part time的记者，不支薪水，只取稿费。上海洋人圈华人圈，他都不熟，也就没什么新闻可写。好不容易认识了两三个美国老乡，都不是什么上流人物，帮他从美国捎了几部“爆米花机”来。

那是一种很古早的老虎机，扔一个两角的小洋进去，扳一下手柄，会吐出一包热热的玉米花，市值五分。运气好，中了奖，会吐出几个两角银洋来。上海人那时只会赌牌九，打花门，了不起猜猜诗谜，至于大赌场里的巴卡拉，二十一点，轮盘赌，一般人是看都看不到的。来玩爆米花机的，赌是一方面，开开洋荤也蛮好。史带就靠这几台机器，挣到一笔本钱。

他还是想做老本行，保险。最早在上海滩开保险公司的，是英国佬，已有八十多年，美商的保险业在中国的份额不大。史带摸熟了上海保险业的底里，自己开了一家“美亚保险公司”，专做美商的代理。

这公司小得来，就在史带自住的老虎窗下，赁了一间写字间。这一赁就是八年，1927 年才迁到外滩十七号。

史带在美国混得不如意，到了中国倒蛮吃得开。他常跟职员说，中国人，讲人情，关系一定要拉到家。史带最喜欢请上海滩的名人吃饭，有时还包下几辆汽车，邀请掮客们全家到苏州、杭州游玩。一个个故事到处流传：史带花了两千七百五十美元，给赵伯秀赵老在龙华修了座大墓！史带够朋友，友邦的康伯度杨，投机股票失败，史带替他还了八千四百二十两纹银……一来二去，美国佬史带的慷慨在上海康伯度圈子出了名。

美亚保险只是个代理公司，在代理过程中有多少古怪可找！航运保的“水险”，期限短，费率高，保费大。一般的轮船公司不敢不保，但保给华商，怕华商信誉不好，保给洋商，又觉得太贵。史带看准了这一点，在保单上印“费率如议（Rate as arranged）”，他只告诉掮客一个最低费率，能谈下多少，余剩的都是掮客的。那还有不奔走效死的推销员吗？

史带开出的最低费率比华商公司的还低，那他怎么赚钱？这里面有个法子，就是“积压”。一艘船从出港到抵埠，少则几日，多则十几日，稍等一等，看看天气良好，沿途平安，就倒填日期申报在美的被代理公司，当然，费率拉升得如溽暑的水银表。船不出事，保险公司就是无本生意，美国公司有保费到手，费率高些有甚么打紧？玩到狠时，史带干脆只是打着大公司旗号，赌上一把，只要熬到船只平安进港，保费就可以照单全收，哈！

日后中国最大的民营轮船公司，卢作孚的民生公司，在跟美国保险业打交道的八年中，吃尽苦头，耗费了几十万美元，最后得出这样一条结论："美国保险公司是（1）小额赔款照赔；（2）中额能拒则拒，（3）巨额相应不理。"中间有多少单与史带有关？不清楚。但美国保险业在中国商人中的恶感之深，史带功不可没啊。

1924年3月11日，北苏州路上海公栈大火，烧毁货物无数。美亚公司在被毁货品中承担了相当大的保额。公司开办不到五年，"赔不起"的流言开始在交易所、咖啡店、码头、洋行之间飞速地流传。史带在此关键时刻，立即去电美国公司，得到了一张"核准照赔"的回电，旋即召集宴会，遍请客户、掮客与记者。面对这些蜂拥而至的渴望的面孔，史带宣布了一件完全打破全世界保险业行规的决定：在公估行未计算出应赔数目之前，投保户可以在投保额的30%之内，提前支取赔款！全部人愕然，惊叹，继而大佩服，大鼓掌，大宣传。史带的美亚，成了上海滩乃至全中国，最有声誉的保险公司！

史带这方面真是做足了工夫。1930年代，别说上海，你走在沪宁杭一带任何一个中等城市，无锡，嘉兴，苏州，镇江……市中心一定有一块红字的双柱广告牌，上面大字写着"美亚保险公司总公司上海外滩十七号"！你走进电影院，每部片子前面都会有一条字幕："如要保险请到美亚保险公司。"你到美亚去保了险，不出事不要紧，一旦出险，数额又不大，美亚的职员口头承诺你照赔之后，第一件事便是拿出一张打印好的稿子，请你盖一个图章。稿子主要说的是"本人遇险损失惨重幸曾投保美亚出险之后赔款迅速免我忧急特此鸣谢"，盖上图章，赶着送去报馆，晚上就能登出来。

上海保险业公会有决议，同行业者不允许在报纸上做广告。史带就以这种方式扩大影响。还有那些不识字不看报的市民呢？连他们都知道史带和美亚。能不知道吗？史带从美国回来，流言马上就传开了，说史带这次返沪，包了一部专机，除了几名乘客，机上全是美钞！日本人横行淞沪，政府都指不上了，可是美亚总靠得住吧，那么多美元！

“是的，”史带晃了晃手里的苏打威士忌，“保险业简直就是广告业和新闻业的混合体。客户必须相信我们，代理人必须有例子让客户相信我们。我最欣赏这个，”他用大拇指指指大办公台后墙壁上贴着的一张广告画，“那是美国保险公司的广告，可惜我们在上海不能直接用。”广告画面上，一个人从帝国大厦顶楼失足掉了下来，跌到三楼的保险公司时，保险公司职员已经将填好的人寿保险赔款支票递出了窗外。

他走到窗前，志得意满地挥了挥手：“信不信？从这里跳下去，在你摔死在外滩大道之前，你会收到四五张支票的！”他哈哈大笑。

也许他说的不错。我们是在上海外滩十七号字林大楼的九层顶楼，史带的住处。如果我真的跳下去，首先会经过八楼的友邦人寿保险公司，再是五楼的四海保险公司，四楼的友邦水火保险公司，三楼的美亚保险公司，最后，我会摔死在底层的友邦银行门前——史带说，他当初创建友邦银行，就是看中了它的英文名“Underwriters Savings Bank for the Far East Inc”，人家一提美亚保险公司的后台，会说那是“U.S.B”，“他们会以为是‘花旗银行’（Unite States Bank）”，史带又一次豪放地笑了起来。

他在上海，曾经只拥有一间不到五平方米的“老虎窗”，还是租来的。现在，整座九层的字林大楼，以及里面的所有公司，都是史带王国的一部分。

“我就是远东保险之王。”黄浦江的波光映着夕阳，折射进偌大的办公室里，在史带额头上形成了明暗的照片效果。

你真的相信，他在越南猎过象吗？

上　进

拖着疲惫的身躯，商务印书馆编译所法制经济部编辑陶汇曾先生慢慢踱进灶披间。

孩子的妈正在生火，听见脚步声，回头望望，习惯性地搭腔：“先上去坐坐，等一歇才好。”

陶先生望着伊佝偻的背影，想着一个横草不拈竖针不动的大小姐，活活被上海的生活，逼得可以用一根柴做熟一顿饭！

由“一根柴”又想到《金瓶梅》里的宋蕙莲，用一根硬柴可以将一个猪头煮得稀烂。小时候总不信这话，而今看来，只要柴粗些，火生得巧，上海弄堂里多少妇人都有这本事。

上了楼，随意在架上抽了册书。傍晚的光线还算清亮，视线投在书页上，却像皮鞋在磨石的地面上走，一次次地滑开，总也站不稳。他索性抛了书，直愣愣地望着窗外，一缕缕都是炊烟。

饭香由远至近，他明白是自家的饭熟了，却全无往日的食欲。直等到孩子的妈上楼来催他，陶先生还是一动不动地坐在藤椅上。

屋里渐渐暗了，孩子的妈喊了两声，不见回应，只好点亮了煤油灯。

“咋个搞起？”她用湖北土话问。

丈夫的脸色在昏黄的灯下分外难看，听见问，脸上肌肉动了几下，似乎想压住冲口而出的话，终于没有办到：

“今儿我才打听清楚，所里的待遇是怎么分等的！”到底是北京大学毕业，陶先生总不肯打乡谈，说的仍是京腔。

见丈夫生气，陶师母不敢吭声，只把煤油灯芯捻小了些，于是室内更暗了。

陶先生也无需太太答话，只顾说下去：“像我这样，北京大学毕业而有教书经历，月薪八十元，用的是三尺长、一尺半宽的小桌子，坐一条硬板凳。桌上的墨水是工友用开水壶式的大壶分注到若干个小磁盂中，一人一磁盂。这你是知道的。

“若是日本明治大学一类学校毕业回国的人，月薪一百二十元，桌子长到三尺半，宽到二尺，也是硬板凳。如果是日本帝国大学毕业，月薪可到一百五十元，桌子长到四尺，宽到二尺半，藤椅一把。桌上有水晶红蓝墨水瓶，另加一个五格的木架子。

“若是欧美一般大学毕业回国的留学生，月薪达二百元，桌椅同于日本帝国大学。如果是英国牛津、剑桥，美国耶鲁、哈佛，那就是各部主任，待遇顶了天，月薪二百五十元，桌子上有拉上拉下的盖，除自己坐藤椅外，还有一个硬凳子，给访客坐。”

陶先生一口气说了许多，口有些渴，端起桌上的冷茶壶灌了一大口。陶师母赶紧接口：“孩子们都在下面等着，是不是……先吃饭？”

陶先生嘿然无语，默默站起来。两人捻灭了油灯，下楼。

饭后哄睡了孩子。夫妻在昏灯下对坐。窗外已是全部的黑，隔窗与室内的黑相吞吐。豆点大的灯光努力撑开一圈光晕，却只能看清陶先生搁在桌上的手和衣袖，袖口磨出的毛毛的边。

“我来了半年，每月薪水都是主任单独给我，从来不知道别人的情况。”陶先生不想吵醒小孩子，声音低沉了许多。“桌椅待遇虽然不同，我总当是资格有先后，能力有大小，谁想到……喊！”

陶师母面上浮出一点疑惑，忍了忍，终于问：“你不是说，王所长上个月还夸你，工作做得又多，又细？”

“谁说不是？他还说，周鲠生虽然是欧美留学，倒不如我这本国大学毕业生！当时我还想，所长真有眼光。周某人现在虽然坐着大桌子藤椅，总有一天会让位给我。谁知道所里是这个政策！我编了六部书，英文日文译了那么些稿子，周某人做了什么？他凭什么拿二百一个月？”

陶先生声音又大了起来，陶师母赶紧冲他摆摆手。

屋里又寂静下来。

过了一阵，陶师母怯怯地问：“我刚才听你说，每月月薪有八十大洋，可是你交到我手里，只有四十元。房租已经拖了两个月，小孩子也要吃些蛋肉才好。剩下的钱……”

“剩下的，呶，都换了这些！”陶先生一指满架的线装书、洋装书。“我又不会去赌、去嫖！”

“我晓得嘞，你要买书，但总可以少买几册，留一些钱……”

“太太，你不必说了！”陶先生脸涨得通红，瞳孔也放大了不少，他的声音又太大了：“我总不能在商务过一辈子。我要图上进！”

陶师母不敢同丈夫吵。两人默默坐了一阵，陶师母捻小了灯芯，自己睡了。剩下陶先生坐在暗夜里，一个人想心事。

七年后，陶汇曾先生回到了上海。这时的他，已经用字行，通用的名字是“陶希圣”。

他去武汉闹了一段时间的革命。再回到上海，脸面大非昔日可比。时局不平靖，依然进了商务印书馆，这次却是总经理的中文秘书，待遇大变，“坐的椅子是四面转的。桌子可大了，长到六尺，宽到四尺，满桌的大玻璃板，右手边还有两架电话机。上下班且不用打卡”。薪水嘛，自然不用说。

陶希圣后来去北京大学做了教授。抗战时他选上国民参政会参政员，先随汪精卫去了南京，又潜逃回重庆，揭发汪被日本诱降内幕，再一变为委员长的秘书，替委员长捉刀写了一本《中国之命运》。大陆易帜前，他是国民党中央宣传部副部长，《中央日报》总主笔。

陶先生说过：他要图上进。

学 徒

宣南（宣武门南）这几条胡同，虽然傍着琉璃厂和各省会馆，出门碰鼻子都是穷京官，举人老爷，还有买书卖书的各地客人。可是读书的小孩很少，大都还是早早入了商铺，当了学徒。

二子、小奎、福三儿，还有我，小时候在一块儿抓泥和尿的发小，这几年各学各的生意，平日里你回家我住店，见面少得可怜。学徒过年也不一定能回家，掌柜一声吩咐，该看店就得看店。有一年三十晚上看店，眼睁睁看着几条街外就是家和爹娘，能听到从那儿传来的二踢脚、麻雷子，弥漫南城的硝烟熏得泪水不停往外冒。

好容易三年生意学满了，又到年节下，初五前，谁也不再到店里去。初一饺子初二面，初三合子往家转。哥几个约好初三到福三儿家里吃合子，福三儿妈的猪肉韭菜合子做得倍儿棒！

福三儿家是旗人，满洲规矩，初五前不动烟火，不过在京里呆久了，也不论那些个啦。炒俩鸡子儿，花生米，肉皮冻，再加一碟子腌酸白菜，小哥几个先喝着，等酒够了，再吃合子。

两三年不见，格外亲热，说说小时候出的丑，街坊邻居谁老（死）了，谁出嫁了，谁干上木匠了，谁的房子卖给宫里的公公了。侃的最多的，还是各自学的买卖。

二子跟着舅舅，卖花。大家都知道，北京种花的集中在丰台十八村，村村种的花不同。二子舅舅的花洞子在玉泉营，花厂子在护国寺，一年下来，银子哗哗的。

二子说，卖花就讲究个季节，月季、牡丹、茉莉，都有个应令当时，过了当季，市面上的花就少了，熬得住，就挣大钱，要不人家咋说“早上没饭吃，晚上有马骑”。“秋分时候，山东菏泽的农民进京卖牡丹，一车一车的，一包六十棵，一棵才卖五毛钱！赵家楼那帮孙子，专挑没开苞的，压卖花的价儿，跟着放在暖洞子里，入了冬，拿火细细地熏，熏到春节，花开了，一朵牡丹，能卖一块大洋！操！”二子颇为不平，大概他舅舅干不了这个。

“这算什么？”小奎不大服气，“我听老客们说，从前，前清那阵儿，马家楼卢家，专门种佛手、香桃、藿香什么的，平时往药铺里送药材，枇杷叶能卖五块一斤！你还不能上别家买，你买了别家的，卢家就再不给你货啦。他的货全呀！这么着，南城种鲜药材的生意，都归他们家了。还有一桩，逢年过节，宫里老佛爷让李莲英李公公去他家买佛手，只要打点好了，一斤佛手五两银子！姥姥！他家一年少说能卖一二千斤哪！”小奎喝了口酒，眼都红了。

“别说人家！小奎，”福三儿拿筷子点着他脑门，“你在东来顺也有小三年了吧？就你有口福！哥几个谁有闲钱上那儿去？说说，那儿的涮锅子都怎么个好吃法儿？有什么秘方没？”

“咳，啥秘方！扯鸡巴蛋！咱们比一比，排一排，就我这徒学得脏！累！在我们那儿学徒，每一道工序都得跟着走一遍，你比方说，东来顺是自己养羊的，打德胜门外的马甸成批地买活羊，放在城外佃农家养，养得肥肥的，入冬再杀，杀了的羊，最好的部位，后腿，上脑，都留给自个儿店，别的，卖给别的铺子。你想想：一年少说卖个十万斤肉，好的肉还都在我们那儿！能不招客人吗？可是这养羊，委屈大了去啦……”

“别，”二子把他的话截断了，“咱们谁没吃过苦？大过年的，不叹那苦经！你就说说，东来顺怎么个好吃法儿？”

小奎来了兴致：“你别说，还真有点儿门道！首先，这肉得切得薄薄的，掌柜有规定，一斤要切不出八十片，甭想上案掌刀！眼下老店的主刀大师傅，是从正阳楼挖过来的，一斤肉能切成一百片。你想想，羊肉薄，不单是涮着快，口感好，而且它是论盘卖的！一斤肉能卖出二斤半的价钱呢！

“其次，要说是调料——这都是我们那儿的秘密，哥几个可不能给我捅出去！捅出去我的饭碗就算砸了！东来顺的酱油不是打市面上买的，每年夏天我们都在后院晒酱，把上好的黄酱放在锡拉铺，就是大锡片子上，用桶接着被毒日头晒出来的油，再加上甘草、桂皮、冰糖……听着美吧？晒油的时候，哥们儿差点儿没给晒干喽！还有，腌韭菜花，得加酸梨！这样味道才会酸甜合口。酱油、韭菜花、辣椒油、王致和的玫瑰红豆腐乳，拌一块儿，一片鲜羊肉，在锅里一汆就得，那滋味，啧啧啧……”这小子，说得桌上的菜都没味了。

说到吃，他们把炮口对准了我：“别装了！都说稻香春的伙食好，看你小子胖的！”他们用指甲掐我的手，“手上都有酒窝了！”

“别掐，别掐，”我哎哟乱叫，“伙食好是不假，顿顿都是米饭，没粗粮——我们东家张森隆张经理是南边人，全店上下都跟着吃米。每餐四菜一汤，有荤有素，冬天还给换个火锅，每个月初一、十五，全店一块儿吃‘犒劳’，广和居成桌的席面，张经理也陪着大伙一块儿吃，可有一桩，不许喝酒！要是柜上忙，赶不上饭，厨房管给送包子……”几个人又听得啧啧连声。

“瞧这点儿出息！你以为老板傻呀？他伙食开得好，还尽量鼓励伙计们多吃，那，也是为了多给他卖力气，你想，稻香春跟着东安市场开关门的点儿，早上 9 点开，晚上 12 点才关——晚上尤其忙！吉祥戏院散了戏，来买吃的人乌泱乌泱的……还有，他也为了防大家偷吃，你想啊，柜上有的是南货，猪油核桃糕、核桃酥、八珍云片糕、奶油蛋糕……金华火腿、广东板鸭、高邮咸鸭、糟鲥鱼、苏州酱鸡、熏鱼、熏对虾、肴肉……吃哪样不比一顿饭贵？”

“呵，这个张森隆，够精的！”福三儿在“义仁当”学徒，连他都说精，另外两人只有点头的份儿。

“张经理吗？他就是太精了！”我也是喝多了，平日冷眼旁观的心事，一下子全倒了出来：“我一进店，他就跟我讲规矩：只许东辞伙，不许伙辞东，东辞伙，一笔抹，伙辞东，一笔清。还有，十天有一回‘说话’，各专柜掌柜的向他报告柜上情况，要是说你不好，三节前后，经理就来说‘官话’，谁不是头上悬着把刀子在干呢？”

“可是，稻香春的生意是真好，谁不挑大拇指？”小奎学徒的地方跟我最近，看在眼里。

“唔，有些地方人家是让人不服不行。去年春天，下多大的雨？南市的核桃全砸手里啦。这时候张经理拿出现钱，大批收购，然后发动全店伙计，自个儿家里人，还有能来的伙计家里人，没日没夜地剥核桃，大的直接放在柜上卖，黑皮的，卖相不好，去皮，油炸，做成炸核桃仁卖，小的和碎的，没法卖，去皮，筛净，和在馅里，糕点，元宵，哪儿用不到？再碎的，和到面里，做核桃酥卖！啥也不浪费呀！”

“那你为啥还说他太精呢？”

“哼，”这算问到我心坎上了，“去年五月节，他兴用什么礼券，说是可以让客人买去送人，再来店里换东西。按说，这是件好事儿，预先就把客人的钱套过来了。可有一样，礼券换的东西，不算柜上卖货的收入！你们知道，柜上红包多少，会不会被说‘官话’，都跟卖多少货连着呢。礼券一兴，只见货出去，不见钱进来，柜上的人能不着急吗？人的眼睛都是亮的，一看见使礼券的，报价都是高高的，秤杆都是低低的。一来二去，客人也学精啦，开头不说，东西称好结账时，才拿礼券出来……这一下，柜上人能给好脸儿吗？客人吃了亏，还能再来吗？”

“怪不得！”小奎点头咂嘴，“听见人说最近稻香春短斤少两，我还纳闷，这不是毁自个儿牌子吗？”

“所以说，做生意，人不能不精，也不能太……”门帘一掀，福三儿妈端着热气腾腾的合子进来了，油香能把人冲一跟头。二子、小奎、福三儿顾不上听我说话，嗷嗷地叫着，接盘子，抓筷子，抢合子。我也顾不上再说话，跟着扑上去：“留点儿，你们给我留点儿……”

一刹那，四个学徒的小伙计，又回到了欢喜无限的童年。

改　判

自从见到那本新出的《标准英语读本》，提倡幽默的林语堂博士再也幽默不起来了，气哼哼地坐在沙发上抽烟斗。第二天一早，林博士赶到开明书店，要求总经理章锡琛进行侵权交涉。章总经理更不怠慢，一迭声吩咐请律师、写信、叫车，他要亲自办理此事。

本来嘛，打章锡琛脱离商务印书馆自组开明书店起，他就立心瓜分商务最大的蛋糕——中小学教材。一番精心策划，他请到了中国人里英文名气最大的林语堂博士任编撰，又约上海顶尖画家之一丰子恺配插图，再加上简洁典雅的装帧，《开明英文读本》一出场就先声夺人，各中学纷纷抢购，商务老牌的《模范英文读本》顿时黯然失色。这几天正看着销量表直线飙升乐而开笑，想不到世界书局推出了《标准英语读本》，据林博士说，内容基本抄袭咱们的英文读本，这还了得？交涉！要求世界书局停止出版，赔偿损失！

世界书局老板沈知方是个滑头，一听此事，一推六二五，让《标准英语读本》的编者林汉达自己去和开明谈判。可怜林汉达大学刚刚毕业，谙得甚谈判交涉？托世界书局的老编辑写了封介绍信，去找章锡琛。章锡琛同样滑头，留下介绍信，写张条子让林汉达去找林语堂，只要你们能谈好，我这里没有问题，没有问题。

林汉达两次拜访林语堂，林博士家的听差只说主人外出，几时回来不一定。这分明是不见的意思。林汉达只好留下张名片，上面写些请指正拙著何处应修改，鄙人愿意接受之类的客气话，委委屈屈地走了。

谁知道，这是一个陷阱！章锡琛早已发现世界书局的介绍信上有一个漏洞，称“敝局出版之《标准英语读本》，与贵店《开明英文读本》有雷同之处”。雷同？那不就是承认抄袭吗？章总大喜过望，但老江湖就是厉害，声色不露，打发林汉达去见林语堂。他在耐心地等着对手犯错。

次日，上海各大报全登了开明书店的通栏广告，大字标题：“世界书局标准英语读本抄袭冒效开明英文读本之铁证》，世界书局的介绍信，林汉达的名片，统统被制成锌版，放大后登在报上。旁人说笑话：那天中华民国谁最大？当然是林汉达，他名片上那三个字占了两栏位置，比蒋中正还大几倍哩！

世界书局并不是省油的灯，事情闹到这份儿上，再不出手，就枉称上海五大书店之一了。沈知方向租界法院递交诉状，告开明书店一个诽谤罪，法院接受诉状，择日开庭。

这一来，引出一番龙争虎斗，甚至惊动政府高层，造成上海滩一场大波澜。

话说上海租界法院，此时早已没有了清末民初的威风，虽仍由外人管辖，法官都是由南京政府司法部任命。沈知方正是看准了这一点，抢先请了上海最有把握打赢官司的女律师郑毓秀。

郑毓秀为什么最有把握？不是条文熟，不是口才好，反正她就是逢打必胜。上海滩流言最多，有人说她与司法部长王宠惠“关系密切”，咳哼，我不知道。律师打官司包赢不输，那还不是头牌大状？这次郑律师答应出场，代价是三千两银子，比美国同行还好捞啊。

法院一开庭，局势一边倒，郑女士怎么说都有理，开明说什么都没理。气得开明请的律师郑希濂把皮包扔在章锡琛的办公桌上：“这

winniej

官司一点把握都没有，我辞职！”

章锡琛也有点慌了。不过，开明也有自己的门路。章总把两本英文课本派专人送往南京，请教育部鉴定抄袭事实是否成立。这一边，开明书店与世界书局继续在报上打广告战，天天通栏，人人争阅，各中学暂停征订英文课本，静待结果，读者反映，比什么强奸诱拐剥猪猡还要好看。史称“二林之争”。

南京教育部久久没有消息。章锡琛又派人去打探，原来教育部内也意见不一，不少人认为世界书局的英语读本也有其独到之处，甚至有人认为这个读本比林博士的书还略胜一筹！章锡琛闻讯更急，下死力游说教育部高层，林语堂也写了好几封信，请托南京诸位大佬，一定要赢得此仗！

最后，教育部长蒋梦麟一锤定音：《标准英语读本》确有抄袭冒效《开明英文读本》之处，不予审定，禁止发行。开明书店在南京的线人一接到蒋梦麟的亲笔批词，立即火速送往上海。此时，距世界书局诉开明书店诽谤案终审判决，只有三天了。

章锡琛拿到教育部批词，高兴得手都在发抖。关键时刻，章老板显示出了他对中国国情的谙熟及对司法界的了解，他没有将这份重要证据送往租界法院，而是连夜将批语制成锌版，原文刊登于上海各大报的头版。

租界法院本已拟好判词，判定开明书店诬陷他人，重罚兼追究刑事责任，突然看到报纸冒出这么一个批语，大吃一惊，手忙脚乱。本来一边倒，有了教育部这个批语，就得再斟酌斟酌了，王部长固然得罪不起，蒋部长也不是好惹的！

第二天，法院宣读判决书，开明书店的广告确有侮辱林汉达之处，罚款三十大洋。这无异于开明书店的胜利。开明得理不饶人，穷追猛打，索性在全国各地报纸上都刊登大幅广告“开明英文读本何故被人抄袭冒效”。各中学一看教育部有明文，立即找世界书局退书赔款。经此一役，世界书局从此不再染指教材，《开明英文读本》称雄教材界达二十年之久。

最可怜的是林汉达，他对教育部批文不服，亲自跑到南京去申诉，被教育部次长朱经农一顿奚落：“人家是博士？你呢？一个大学毕业生竟敢顶撞林博士？就算你的书没抄袭，林博士说抄了，就是抄了！”这一刺激非同小可，林汉达不日即远赴大洋彼岸，声言拿个美国博士，再回来跟林语堂算账。可惜这个愿望最终没能实现。待得林汉达博士学成归国，林语堂博士早已移居美利坚，《吾国与吾民》也已经在美国畅销书榜上停留了五十多周。

商　会

大条的红色横幅悬挂在舞台的上方，写着“东北义勇军筹捐义演”。东北流亡学生组织的义演话剧正在上演。这里是西单哈尔飞戏院，北平最大的戏院之一。我挤在台下，胸前别着“来宾”的红纸条。9月底的旧都，秋老虎还很厉害，加上戏院里人头涌涌，台上人泪流满面，台下人也汗流满面。

有人在我肩上一拍。回头看，赵老板！他缩回手，艰难地从绸衫口袋摸出一块大手帕，一面擦额上的汗，一面朝我身边又挤了挤。

“白老板！你听说了吗？今天戏完后，请了人来演讲。”

“是吗？我没听说……来请我的学生没有说……”

赵老板的胖脸上登时浮现出一种暧昧的笑意，大拇指挑了挑，“这主儿可是好久没出来了……”

就在此时，全场突然响起了“中国不能亡”的山呼海啸。我俩都吓了一跳。戏结束了。

台上安静下来。她慢慢地走出来，走到台口的麦克风前。

我一眼就认出了她。今年该有靠六十了吧？我头一次见她的时候，这个女人还不满四十。

她开口讲话。那么多年了，已经没有苏州腔，很脆的京片子，人也有了老年的气度。

她说的是庚子年北京城被八个国家的洋兵瓜分，他们烧杀劫掠，无恶不作，尤其是奸淫妇女，搜刮粮食，整个北京水深火热……

没有人不相信她说的话。人群一次又一次被她的话所激动，“9・18！”“不做亡国奴！”的口号响彻全场。

台上的这个女人，叫做魏赵灵飞，从前的名字，是赛金花。

庚子那年，我才十三岁。娘不准我到街上去，只听见家里佣人议论，东头谁家被抢了，西头哪间铺子死了人。然后就是娘在堂屋里跟爹哀叹，白面涨到了一吊多一斤，还常常买不到。

后来市面渐渐安靖下来，京外有些人贪利，偷偷地往城里带粮食。再后来，粮店里也有了货，娘也准我时不常地在门口看看闹热。

街面上都纷纷传说，托福赛金花赛二爷，跟联军总司令瓦德西将军有交情，说好话，再让各国兵营勒束部下，不事侵扰。还有人说，眼见赛二爷骑着高头大洋马，被洋兵簇拥着，从长安街走过。

后来有了一个刘铁云，自己向洋兵买下太仓储粟，开设平粜局，一时间，没饭吃的饥民都去卖脚力，从平粜局倒腾两袋面，到远处贩卖，挣个力钱。

刘铁云日后倒了大楣，国家的粮，是私人可以随意贩卖的吗？充军新疆，死在乌鲁木齐。

八国联军退出北京之后，西城几个大字号的老板来找我爹：白老板，我们几个议了一下，北京城这样不行啊，一旦没了朝廷，没了衙门，好多事没人管，咱们是不是，也成立个商会啊？这样，支应地方，调配粮资，都有个管事的不是？

那就成立呗，正好庚子之后，地方上也比较宽松，一来二去农工商总会就挂了牌。那是光绪三十二年（1906）的事。

天天盼着华北战事和平解决，日本兵还是进了北平城。

之前，大批四乡农民涌入城内避难，商会成立“临时救济会”，收容那些无亲友可投的难民，难民不断增加，大家一直发愁能维持多久。现在不用愁了，救济会被占领军解散了。

他们保留了商会，但他们说“主席”这个词带“党性”，改掉！只能叫董事、监事……商会也不是从前的商会了，日本商人像潮水一样地涌入北京城，他们自有一个管理组织叫“组合”。一切重要物资，都掌握在“组合”手里。布匹、煤炭这些行业都不得不听他们的话。

到处都是白面馆、土膏店，烟贩们吃穿阔气，还成立了“华北土药业公会北京分会”，商会管不着。日本、韩国的浪人，满街逛荡，每到一处铺面，就用生硬的中国话大叫“日中满亲善”，强迫商户购买日本天皇和宣统，不，该叫康德皇帝啦，的照片。不买，他们会恶狠狠地看着你：“宪兵队的说话！”

商会头两年还能平粜一些粮食，维持每年十月的粥厂、暖厂，后来也撑不下去了，先是规定“计口售粮”，再就是统一配售“混合面”，色如烟灰，食有异味，吃下去拉不出屎。

我早已经不是商会理事。一大早上起来，在大街上胡同上转了一大圈，无事可为。绸店没什么货源，全靠有人从天津、上海来，跑单帮带的一点儿小货撑着。买主也少。回到家里，只有满家人口和一锅混合面窝窝。我走到堂屋神主牌前，看着爹的照片：

“您老人家不是说，北京是首善之区，灾不过三月。有了商会，咱们开铺子的，就没有过不去的坎儿了吗？这都五六年了……”我的眼泪，一颗颗掉在砖地上。

1945年初，他们在南苑修机场，让每个商铺都出劳工。我家能出谁呢？凑了些联合票，雇了个花子去顶缸。过两天，说：死了！再出人！

4月，最惨的日子来了，每人每月只能买杂和面十斤。

8月16日清晨，我走出大门，迎面碰到赵老板，他已经饿得摇摇晃晃，胖脸只剩下一张皮。他还是很高兴地跟我打招呼："白老板！给您道喜！"

"同喜同喜！天终于亮了！"

"不用吃混合面了！"

日本商人都开始甩货准备离开，拿吃的换也行。可是经过八年，谁还剩下什么家底儿？看着满大街的被面、家具、杂物，我忍不住回头看看我家的院门，上面本来有两个大大的铜门钮、铜门环，伪市政府要求商会逼铺户"献铜"，商会老拖着，最后来了几个职员，挨家搜查，连纸烟包里的锡纸都不放过。我的铜门钮、铜门环，去哪儿了呢？

10月20日，北平行辕主任李宗仁从重庆飞抵北平。

11月1日，北平市政府社会局派秘书杨伯明接收商会资产、账簿、卷宗。然后，到各铺户登门，干什么？催缴欠费！你们八年没交会费啦，而今百废待兴，需资孔亟，限于某月某日补齐……

11月8日，我收到通知，凡曾在"旧商会"任过职的人员，均需到商会听训。"我都没干好几年了……""那也得去！"

我走到珠市口西"旧商会"，那所房子的门脸儿已破败不堪。五年前，日本宪兵队要求商会集资买下香厂路新世界游艺场旧址，没有钱，先让银行垫付，每间商铺加收三个月营业税，共计三十万元。房子买下来后，宪兵队说，房子里有"军用物资"，不能交，商会只能担个主名儿。光复后，国民党北平支部在那儿开了"临时国军被服厂"，更甭提收房的事儿啦。

一年后，这房子才由商会"收回"，市党部来人说，要给蒋总统庆寿，北平总商会捐点什么呢？捐所学校吧！你们不是有栋房子空着吗？盖了个章，房子变成了献给蒋总统的生日礼物。

我走进旧商会，社会局局长温崇信正等着呢。人到齐，他开始训话："市商会早应当整理与改组，只是物色人选困难，同时，也给各位一个反省的机会……大家自己想想，互相看看，抗战期间，谁是含垢忍辱、委曲求全，谁是甘心附逆，背叛国家！"

听完训话，我们默默地走出商会大门。北面，是几百年来一直屹立的正阳门。我眯着眼睛看着它，不让尘土迷了我的眼睛。赵胖子脸上的肉还没长回来，他朝道旁啐了一口：

"我操你大爷！"

教 授

抗战军兴，平津陆续沦陷，各大学纷纷内迁。其中北京大学、清华大学、南开大学决议合校，校址最后设在昆明，这就是赫赫有名的国立西南联合大学。抗战八年，这里是中国的最高学府。

近年来西南联大校史研究大热，联大教授之多，著述之富，课程设置之规范，校务管理之整治，都令后世学者啧啧称羡。尤为人所赞佩的是全校师生身处如许逆境，仍能潜心教学，为中国学术、教育留得一分元气，不枉了“刚毅坚卓”的四字校训。

联大师生的生活自然很清苦。汪曾祺先生的《新校舍》一文曾记述了学生的饭食：“学生吃的饭是通红的糙米，饭里什么都有：砂粒、耗子屎……被称为‘八宝饭’。……菜多盐而少油。常吃的菜是煮芸豆，还有一种叫做蘑芋豆腐的灰色的凉粉似的东西。”蘑芋和豆腐都是吸油的东西，没有油，难吃的滋味可想而知。而汪先生在小说《日暑》中描写的理科教授种兰花，教授夫人卖兰花以贴补家用，当日谅非鲜见，而年青的助教竟因营养不良而致死，怕也是实情。联大的教学开支，尚要靠三校长之一的张伯苓长驻重庆专筹，师生的生活质素，自是难以维护周全。

这日读黄裳的《音尘集》，不想倒有了另一面的发现。书中有《为美国兵活着的人们》一文，提到了“一个不甚为社会人士所熟习的组织”——清华服务社。黄裳写道：

这个组织是由西南联大里面的教授们组成的。主持者是联大的几个校务委员——梅贻琦先生蒋梦麟先生等，里边的人才包括了联大的机械土木教授。他们的业务是接收订货和包建房屋。事实上他们并没有一架机器，只是做着掮客的生意。然而这块牌子是响亮的。美国人是以结识社会名流为荣的。何况这又是中国属一属二的学府，这些教授大都来自美国的大学，他们去兜揽生意自然不是一般普通的掮客可以抗手，这样，昆明的美军营房，飞机场地，和一些发电机抽水机之类的大小生意都落在他们手中，再由他们转包出去，给几个小厂去承做。那一笔佣资很是可观。一位联大的教授，他是教飞机构造学还是什么的已经记不清楚，在几笔生意以后成了学校里的"资产阶级"。我从一个做助教的朋友那里听到这珍奇的故事，他并不曾做过一点事，年终也分到几万元的红利。

作者也承认：

在联大里，文理法学院的教授们大抵清苦得只能吃稀饭过日子，有的人到重庆来开会还不得不卖去唯一的皮袍当旅费，然而这不是全部的事实。工学院就有很多教授是小阔人，因为他们能"学以致用"。

至于学生的赚钱法门，他居然也在《美国兵与女人》中提到一笔：

在蒋梦麟夫人领导之下，昆明的西南联大和云南大学的女生们都起而慰劳盟军参与伴舞，那初意倒是并不为错的，不过后来竟弄得计时论钱，如每小时四元美金，则大为失策，与普通的舞女没有什么分别了。

黄裳的这两篇文字最初发表在《周报》上，后收入《关于美国兵》一书（1947年初版），书出后影响颇大，其时距抗战结束甚近，当事人俱在，但并无人指摘这些细节，想来大致是不诬的了。

抄完上面的文字，有两点感想。其一是看来无论什么时候，乱世也好，盛世也好，学实用技术的学者总归要比基础学科学者的日子好过得多。这在今日社会，也早已见出端倪。明白这一点，学基础学科的人就要会平衡心态，这点前辈学人做得很好，你看那么多当时稀饭度日的文理法师生的回忆文字，全不提这些事，倒要黄裳一个外人来鸣不平。现代社会分工精细，总不能哲学家还像泰勒斯那样去转租磨坊，像叔本华那样去炒股票，语言学家也不能像前辈子贡那样去跑单帮。

另一点感想是而今学术史上的"神话"层出不穷，比如陈寅恪，比如西南联大，比如王小波，比如"自由主义"。其实在中国的许多事情，几千年来实在变易不大。就如西南联大师生的吃饭问题，连最具浪漫气质的教授闻一多都要靠治印的润资度日，汪曾祺和朱德熙拿英汉字典换一顿早饭，于今看来颇有点风流韵事的味道，个中酸辛却不足为外人道。即便是"清华服务社"之类，相信蒋、梅诸先生也是不得已，总不能忍视学校师生挨饿，救得一个是一个罢。这和如今北大推倒围墙之类有多大不同？现在老拿西南联大说事儿，闭口不提这些"形而下"的艰难，只顾证明学术规范和清节特操我们"古已有之"。要指望树这个来"稳定知识分子队伍"，我看没有必要，倘想用这个来指斥现在的多数人"投降"，更是可笑。社会不能保证大学里的知识精英平均水准以上的物质条件，却拿"过去的教授"的标准要求他们，岂不怪哉？白崇禧在湘桂战役时致电蒋介石曰："自古未闻有饥寒交迫之兵而能杀敌致胜者也。"同样，从来没有一个知识分子群体，在衣食难全的境况下，能长久维持学术规范和独立地位的。

北　迁

一个青年坐在路口的茶馆里。他的眼光一直没离开转角的路口。

马路上火辣辣的艳阳照不到他身上，可是脑门上仍然一层细细密密的汗，渐渐汇聚成滴，慢慢滑落，主人却不管它们，叫人恨不得替他拭一把。

弄堂里转出一个人来，不是。再出来一个，也不是……是了，来了。

来人四十多岁，酱紫面皮，大热的天，穿一身机绸裤褂，周吴郑王，却未免有些滑稽。匆匆坐到桌前，还来不及等茶博士送上揩汗的手巾，被青年热切的目光逼迫着，不得不先开口：

“大致妥了。你且把心放到肚子里……哦，手巾，开一碗香片……多亏我这张嘴，死人把他都能说活！小伙子，你的媳妇到手了，怎么谢我？……哈哈，在我们家乡，媒人要吃六顿茶饭的……好，我先喝口水，大热天穿这身大衣服……你丈人说，家道穷一点不要紧，人上进才好……你莫急，我就说到正题，你丈人说，先订婚，成亲末，要等你有自己的生意！……你莫发愣，他开出条件来，总归好商量……”

午后的阳光，明亮得有些炫目。

吴建屏是江苏武进人。十六岁来上海，辗转了两年，进了上海最有名的王开照相馆学徒。王开照相馆很大，学生意的常川总有二三十人，有男有女。

吴建屏和女同事何定仪好上了。

丈人要他开自己生意。人家宝贝女儿一句话就给了你，这点子要求算啥？只是，吴建屏学了两年多，还没正式出师，去哪里寻这笔开店的资本？

正是1937年的秋天。卢沟桥的枪声传来，整个中国都震了一震。虽然隔着近一千公里，南方的军队马上开始了频繁的调动。人人都知道，一场大战不可避免。

吴建屏看准了这个机会。一上前线，生死未卜，谁不想先往家里寄封书信？能夹张照片，再好不过。丘八大多进不起照相馆，进得起，也未必能请准假。吴建屏找了一个当连长的老乡，直接将器材搬进了兵营。

送走了一批兵，又来了一批刚征的新兵，这下更好，花名册、士兵证，新规矩都是要相片的。反正吴建屏跟军需营务的人都混熟了，于是一总包给了他。

等到淞沪抗战打完，吴建屏已经攒到了租房子、买器材的钱，注册金和零星应用怎么办呢？何小姐把祖父留给她的私房钿拿了出来。正好静安寺路八十八号的汇芳照相馆要出盘，索性将它盘过来。新店开张，取名"中国照相馆"，花轿也跟着抬进了门。

上海人知道中国照相馆，是在1939年。那一年，名导演卜万苍应新华公司之邀，拍摄"中国第一部古装战争史诗巨片"《木兰从军》，女主演是来自香港的新星陈云裳。这部戏于1939年春节在上海沪光大戏院连演三个月，场场爆满，转到新光大戏院续演，又是"狂满"达数月之久。人在上海滩，若不知道"陈云裳"三个字，保管被人叫

“乡下人”。

吴建屏又看准了一回。他有个小兄弟认得新华电影公司的襄理，托人说合，居然得到了卜万苍的首肯，独家提供《木兰从军》里陈云裳的剧照。这是大生意，中国照相馆一家吃不下，于是又找了亚开首饰公司。三家分工方式是：卜万苍提供相底，中国照相馆负责加工洗印，亚开公司负责纸袋包装。

有意思的是，三家公司各有各的促销方式。

新光大戏院在各大报登广告，只要购买一张《木兰从军》的电影票，就赠送陈云裳的六寸相片一张；

亚开首饰公司在每个装相片的纸袋上都印了一组六位数的号码，每月在各报上公布三个数字，只要顾客所持纸袋上的号码后三位与之相同，即可获人造金戒指一个；

中国照相馆则更绝，陈云裳的剧照不下二十余张，照相馆的橱窗里轮流摆放，定期更换。顾客上门来，只要手里有跟橱窗里照片相同姿势的剧照，立即附赠一张十二寸着色相片。

这次联合广告，大获成功。半年之内，陈云裳的各色剧照发行超过五万张。每日都有许多人，专门跑来静安寺路，看中国照相馆橱窗挂的是哪张。这下子，中国照相馆腾传众口，变成上海滩最有名的照相馆，一如当年的王开照相馆。

转眼就是1945年。吴建屏已经去世五年了。这时候，我们才发现，一直担任出纳的老板娘何定仪，竟是那么有决断的人。

日本投降，在沪的日本照相馆几乎全都结业返国。此时上海市面百业萧条，照相的人本来就少。就在这时，何定仪做出了一个极为胆大的决定。

她拿出了所有的周转资金，甚至可能借了一些钱，将日本同业的富士玻璃板和皱纹纸存货全部买下，一时间，中国照相馆的库房都快堆不下了。

和她的亡夫一样，何定仪抓住了商机。中国人照相少没关系，参加亚洲战场的美国海军陆战队陆续在上海登岸。他们刚刚沐浴了战火，在海洋和岛屿之间飘摇几个月，现在来到这个虽然疲惫却风韵犹存的花花世界，手里大把的军饷流水似的往外淌。

每天接待一百多人，每人每份照片印六张，收费五美元。成本之低（日本难民要价很少），利润之高，同行为之咋舌。但艳羡、妒忌有什么用，回到半年前，谁有何老板的胆略搏性？

这笔存货一直支持着中国照相馆，直到公私合营之后，它的营业额仍然超过另外三家大照相馆光艺、国际、大同的总和。

树大招风。1956年，北京来了一个求援小组。要求上海支援各类民用企业，理发馆呀，洗染店呀，照相馆呀……这些西洋来的玩意儿，北京的水平不高，对首都形象不好。

上海答应给他们三个中型照相馆。带队的王副局长不乐意。“同志，首都的形象多么重要，首都人民多么需要支援，不要保守嘛……我这两天到处转了转，觉得中国照相馆不错，我看，就让它来支援首都建设吧！啊？”

上海能说什么呢？上海的形象也重要？上海人也需要中国照相馆？

1956年7月6日，中国照相馆所有设备、器材，以及骨干人员二十多人，全部迁至北京。

招牌挂得有意思。叫“上海迁京中国照相馆”。“上海迁京”四个字放得比较小，吴、何两位老板的心血，十八年的海上光景，都缩在了这小小四个字里。这四个字，“文化大革命”后才去掉。

听说，挂牌那一天，店里好多人都哭了。

有　功

他跪在太阳地里，双手反剪，五花大绑，黄豆大的汗珠一头一脸。

手枪乌黑的枪管抵在后脑勺上，他感觉到了那种灼热的冰凉。撞针跃跃欲试，瓦蓝的钢漆反射着日光。

周围海潮般的呼喊，但那个唯一的声音仍然穿透一切，清楚地撞击耳膜："代表人民……宣判死刑……立即执行！"山摇地动的声浪。

咔嗒一声，子弹跳出弹仓，却发觉自己还没冲刺便已抵达终点，颅骨擦破了一点表面的锈斑，接着，陷入黏稠的灰白的脑浆，搅动，和着头盖的碎片，一同喷射而出。

他叫张雨亭，乍听上去也没什么，只略觉古怪，但想不透简单的两个字有什么不妥。好多人要等旁人提醒，才恍然想起，二十余年前那位被日本人炸死在沈阳皇姑屯的张作霖张大帅，号也叫做雨亭。

账房毛三爷当面恭维过老板，说他与张大帅同名，必成一番事业。背后却摇摇头：张大帅是横死的，叫雨亭怕不是什么好兆头。

事业是有的，并不大。台州人，祖传的航商，有五六艘沙船，运送货物于温州、台州和上海之间，无非是些海产土制、干鲜果品。不过张老板很巴结勤快，每次运货总是亲自押送。风里雨里这些年，头发已见了花白。

这次是两艘沙船，满载柑橘，于1948年12月1日从温州出发。

3 日傍晚，远远已望见吴淞口，江面上渐渐繁密的船只，出港进港。

突然听见震天的巨响，两三丈的水柱和着火光与惊喊高高跃起。伙计纷纷从船舱里跑到甲板上观看。乖乖！不知是啥轮船，装的是人是货？

他们当然不知道，他们目睹的是中国海运史上最大的海难。那艘爆炸的船叫“江亚轮”，1939 年由日商东亚海运株式会社建造，当时名叫“兴亚丸”，抗战胜利改名江亚轮，归属招商局，专跑沪甬（上海至宁波）航线。

“江亚轮”船龄未及十年，总吨数三千三百六十五吨，马力两千五百匹，航速每小时十二海里。出事当天，轮船设备没有任何问题，却严重超载。史书记载：“按照当时的交通部航政局规定，‘江亚轮’额定的最大载容量为两千二百五十人。但是，1948 年 12 月 3 日那天，这条船的出口报告单上却填了乘客两千六百零七人，船长及船员一百七十九人，载货一百七十五吨。其实，这还只是一个欺上瞒下的数字。这个数字，既没有包括那些通过各种渠道混上船去的无票乘客一千余人，也没有包括水手、茶房的三亲四戚。要是将这些人全都算上，那天船上的总人数高达四千以上，超过正常客位数的三倍还多。”

江亚轮为什么爆炸？一直没有定论，当时怀疑是碰上未扫清的美军水雷，新中国成立后，招商局原经理胡时渊突然表示，1948 年 12 月，国民党上海海军航空兵的轰炸机飞往海州执行任务后，在吴淞口外上空，机上悬挂的一枚重磅炸弹脱钩坠海。“江亚轮”此时恰好驶经这片水域，炸弹坠入客轮右舷水中，被行驶中客轮产生的引力吸向船体爆炸。这种说法一直没有得到证实。

这且不说它。话说张雨亭眼见江亚轮失事，立即下令将船上所有货物全部抛入海中，然后两艘沙船全力驶向江亚轮，众伙计一起抢救落水乘客。一夜一天，张雨亭与其他路过船只一道，一共救起了七百九十一名乘客。

张老板做下这一件义举，名声立时便响彻上海滩。大家说他惜人不惜货，大有古仁人之风。宁波人更是对他感激莫名，想集资赔偿他的损失。张老板很有豪气：不要！请移作抚恤死难者家属。

这一下子，他的声誉更高，几乎如日中天。甚至有人提议，要为这位雨亭先生，在外滩十三号码头建一座纪念亭。

这个倡议还未付诸实行，天下已乱，百万雄师兵临城下，汤恩伯挣扎了一下，上海换了颜色。

上海很多人都逃了，张雨亭没有走。他为什么要走？他舍财救人，为人民立下了大功！共产党不是穷人的党么？救起来的江亚轮乘客，可大部分是穷人哪。

所以，张雨亭虽然是个地主，倒稳得很，人家来说分田分地，他梗着脖子说凭什么，老子是功臣！人家来说公私合营，他哈哈一笑，张家祖传的产业，又没有关门倒闭，为啥要与别人“合营”？

一来二去，群众就起了愤慨，嚷嚷着要开他的批斗会。土改工作队虽然知道他历史上有功，但不能打击群众积极性，想想这家伙冥顽不灵，受受教训也不是什么坏事，就同意了。

哪知道，开批斗会，张雨亭还是不老实，开口闭口就是海上救人，宁波人要修纪念亭，惹得一些积极分子带头大叫：“打倒张雨亭！”“张雨亭不投降就叫他灭亡！”这时候，死神的脚步声降临了。

远处传来隆隆的响声。舟山群岛还在蒋匪帮手中，他欺侮人民军队没有制空权，不断派飞机骚扰我沪、甬、温地区。看来，今天又是狗日的飞机！而且，响声比往日还大。

不知是谁，喊累了反反复复两句口号，福至心灵，突然叫了声：

“飞机一定是来接张雨亭的！”

有些疲惫的人群一下子又兴奋起来。这个说，这家伙建国前就是上海滩名人，怕是国民党最看重他；那个讲，为啥旧社会要为他修纪念亭？就是他家在国民党里有人，他儿子在上海当大官的！越说越像，越说越真，又不知是谁，高喊一声：

“不能让蒋光头把他救走！”

“对，枪毙他！”“枪毙！”“枪毙”……

民愤极大，于是便枪毙了。

张雨亭的儿子，确实在上海市政府里任高级职员，本来已经说好，留任原职，算作起义人员。听到父亲被杀的消息，实在想不通，任由领导百般劝谕，坚决辞职，住在上海弄堂里，一辈子未任公职。

辑三　时闻录

时闻：时下的新闻，或传闻。通过史书去认知历史，很难理解当时人如何通过报章与传说来想象身处的世界。

1900

一、城　破

北京人一觉醒来，北京城已经破了。

“一觉醒来”只是修辞。除了彭家耳聋的老太爷，满北京九城有谁睡得着？自远而近，隆隆炮声响了一天一夜。家家都把门关得死紧，只敢从窗角纸缝里偷偷看天边不灭的红光。入夜后，四周的声响反而大起来。砸门声，叱骂声，打人声，放火声，毕毕剥剥，窗棂很快就被映红了，当妈的死死将孩子按在被窝里，不许哭，大人们屏住的呼吸，在黑暗的空气中清晰可闻。

下半夜，开始过兵。咔咔的皮靴声，刺刀尖噼啪的摩擦声，偶尔一两句大声的呼喝。听不懂，国语（满洲话）？不像。蒙古话？也不像。

那是1900年8月14日。经过一天一夜的攻打，英、德、俄、法、美、日、意、奥等国组成的八国联军两千余人，攻占了中国的首都北京。

“‘中国城’里的天坛和先农坛已被占领。天坛成为英军营地，先农坛作为美国人的营地，整个‘中国城’在英国和美国士兵的手中。皇城被俄国人从东面攻入，美国人从南面打入。户部被日本人占领。第二天（8月15日），兵部也被占领，同时夺取了政府的丝绸库。”

8月16—18日，八国联军士兵以复仇和抓捕义和团乱民的名义，被准许在北京城内公开抢掠三天。“整天可以见到骡马队从各政府的、私人的库房中把银子、粮食和丝绸运到联军营房。常看到有男女教士们在没人居住的房子里收集古玩，士兵们自由地各取所爱。”（《中国与联军》下册第42、43章）

彭家原籍江苏长洲（苏州），是当地望族。这一支自彭翼仲的祖父彭蕴章起，就定居北京。彭蕴章在咸丰朝曾任武英殿大学士军机大臣领班，即当时的首相。彭翼仲自己生在北京，长大之后，家道中落。庚子之前，家里虽然给他捐了一个通判（四品衔），指省江西。但是他不愿意从政，跟亲戚朋友合作一些开矿、贩货之类的生意。

1898年，戊戌变法时期，强学会成立，“举国若狂”，有人劝彭翼仲也加入，他却觉得自己不够资格，但是他从心底是赞成变法的，“迨四卿参预新政，朝旨奋发，雷厉风行，精神为之一振。设使阻力不生，则国家之进步安可限量，且庚子之乱，亦何由而起？”（《彭翼仲五十年之历史［上］》，下同）

彭翼仲从一开始就反对闹什么义和团！他走南闯北，见过世面。那都是借机生事的乱民！西太后放拳民进了北京，义和团火烧大栅栏四十二家当铺，火光照亮了半个北京城。义和团大师兄要借彭家设坛，彭翼仲拒绝了。半夜，一团火把扔在彭家凉棚上，幸好彭家有从天津带回来的两具灭火专用的“激筒”，不然，这个家早没了。

如今，皇上皇太后弃城而走，北京变成了洋人的天下。六百年来，这是头一遭——咸丰十年八月，皇上也跑到热河去了，但英法联军并没能进九城！城破之前，皇上、皇太后口口声声说要“死社稷”！哪怕像崇祯皇帝那样吊死呢？也算给老百姓暖暖心。

两宫走后，“京内大乱，白昼抢劫，杀人放火，无所不为”，在彭翼仲看来，这都是义和团乱民干的好事，“洋兵入城后，义和团全然消灭”。他反而松了口气。

二、被 劫

八国联军进了北京，九城被划成了八个分治区域。彭家所在的粉房琉璃街，在美国军队辖区范围内。

户户闭门，家家龟守。那些支持、附和过义和团的人家，早早儿在门首挂上了花里咕噜的美国旗。好一个顺民哪！半个月前，是谁在大街上叫嚷“不信神团，老祖降祸，叫你们一个个都家破人亡”？

只有彭家不关院门，照常进出，任由洋兵往来于门前。彭翼仲觉得文明国的士兵，是不会抢劫平民的。

据《中国与联军》一书中记载，发生在北京的抢劫，比在天津的规模要小一些，“最好的东西已被义和团和中国士兵抢走了”。这本书说，外国占领军并不像有些故事里说的那样，恣意杀害平民，反而制造了许多“玩笑”：

“美国小伙子们都是恶作剧的能手。正阳门外中国城西边归他们保护，在我们进城几天之后，中国人开始回家，他们恳求士兵们为他们写些通知贴在他们房屋前门上以防止被抢劫，一位士兵用大个字体写道：‘美国小伙子们，这儿有大批威士忌和烟草。’每个路过此门的士兵都用脚踢开门索要抽的和喝的。”

有些中国人趁机发国难财，自称跟占领军很熟，向北京居民兜售小幅外国国旗和“生命保证书”，赚了好几千元。

占领军一般抓到抢劫的中国人，会将他们枪决。但军官们发现有时情况不像表面上那样："在枪决前最后一分钟发现，原来是几个美国兵强迫他们指出哪间屋子里可以弄到好东西。美国兵动手抢，而迫令华人放哨。当德国巡逻队到那儿时，美国人藏了起来，而华人被逮住押送到我这里来了。"（《俄国在远东》第19章）

彭翼仲竟错了。七月二十四日午后，大雨骤至。彭家的家人正要关院门，皮靴声踏着水洼的响声，进来了四名美国兵。

他们比比划划，似乎要避雨，又指着天空，好像要什么东西。彭翼仲的小儿子在檐前玩水，此时大概吓呆了，一动也不动。也没有人想起来去抱他。

彭家人半天才明白，他们要水洗脸。洗完脸后，一个美国兵摸出一块生银、一包碎银，想塞给还是檐下呆看的彭家小儿。这时老妈子才反应过来，上去推开美国兵的银子，匆匆将小儿抱进了屋。

美国兵挥舞着手里的银子，直喊"突打拉！突打拉！"什么意思？一家人的眼睛都望向彭翼仲。他不得不出面了，从衣袋里摸出两块银元，走过去递给美国兵，一面向家人解释：他是想用他的碎银换咱的银元哩。

谁知美国兵一见银元，脸色立变，大声呼喝了几句。一个兵留在门口，三个兵冲进了堂屋。

彭家的箱橱、柜笼，哪一处不被他们翻到？他们并不理会一边呆立的主人们。见到女眷，还脱帽行个礼，又趋前握手。几位奶奶羞得不行，又不敢不握。

美国兵取走了所有的首饰、时表。步声渐渐远去。霍四关了门。一家人或立或坐，一时都说不出话来，只听着檐前的雨声，又大又密，终于也小下来。彭翼仲勉强振作了一下，强笑着道：

“大伙儿都歇歇吧。想开些，咱们这就算是亡了国了，有什么还是自己的？……要是咱们的旗兵、拳民占了人家的京城，大家想想，那是什么情形？没伤着人，咱就念佛吧。”

洋兵又来过两次。头一次是胡乱抄掠了一通，用枪刺逼在彭翼仲胸前，要“打拉”。彭翼仲闭上眼睛，准备死了。洋兵见他不怕死，反倒撤了。第二次是在半个月后，几名美国兵半夜破门而入，到处搜抢财物。彭翼仲正在灯下记账，钱箱被一个美国兵抱起来就跑。这下他也就横了心，全当上次已被洋兵打死，一把抓住其中一个，猛力夺他手中的钱箱，哗啦一声，银元散了满地。彭翼仲紧紧抓住洋兵衣服不放，一手在炕上摸索刀剪，准备剪下衣角做证据。他听朋友说，只要有证据，可以去美国兵营里控告士兵的不法行为。这些洋兵只敢半夜来抢，说明他们也心虚。

洋兵回肘一拳，正中彭翼仲的左眼。吃痛手一松，洋兵逃走了。虽然没留下证据，彭翼仲第二天还是去了美国兵营。这一带被美国兵抢劫的人家不在少数，但谁敢去告啊？街坊在背后议论说，只有彭家二小子，念过书，做过官，八成还入过洋教，才敢去跟洋人打这种交道哪。

不料这一状竟告准了，美国领兵官戴理孙当天贴出告示，要求当地商民每户预备胭脂水，合上煤油，如有兵丁入户抢掠，就用这种胭脂水洒在他们衣服上，兵营里自然会查办他们。这张告示贴出去后，再没听说附近有洋兵扰害商民的事情发生。街坊们都很感念彭翼仲。

三、度　日

在北京投降后不久，北京很少见到中国人。北京城脏得难以形容，也许好几个世纪以来都差不多。街道上布满了中国人的尸体，都程度不同地腐烂了，成为狗、猪、飞鸟的食物……混乱与抢劫主宰着一切。美国人组织队伍掩埋尸体，打扫街道，也向居民分发一些粮食，再严惩那些敢于随地便溺和倒马桶的居民（北京人几百年都是那样生活的），“人们变得驯服了，秩序恢复，街道也比较清洁了，商业也在恢复中……可是在三十英尺以外的街那边，是德军占领地区，那儿却空无一人。(《美军在华解围远征记》第23章）

北京被划成了不同的占领区域，不同国家占领军的行为，让不同区域的北京居民对“西方”、“文明”这些概念的想象有所不同。德国占领区口碑最差，日本占领区则最为整饬，“其中以德兵为最横，天甫黑，彼等即从事于劫掠……日本地段最为安静，有条理，铺店已有开市者。”（普特南·威尔《庚子使馆被围记》）

彭翼仲敢跟洋兵撕掳，不是他要钱不要命。实在也是过不下去了。未闹义和团的时候，每斤白面只要当十钱四百文，现在呢，要八百。听说，西、北城旗人聚居区已经涨到了一吊多!

彭家遭劫之后，也剩不下什么了，一大家子等着吃饭。怎么办?彭翼仲并没有六品官的架子，他给各家送过水，每天拉一架大车，走街串巷。后来借了朋友一笔钱，在果子巷开了个挂货摊子，主要贩卖皮衣皮帽，捎带着南北杂货。

那天从巷子南口走过来一个人。走近了摊，一言不发地看货。彭翼仲仔细看看，这不是肃王爷？平日家哪天不是前呼后拥十几号人？大轿子抬着？今天也落了单，还步行。认是认出来了，他不敢打招呼，怕人家面子上挂不住。

肃王爷倒没什么，兴许这两个月习惯了。看了一会子，问了问洋瓷茶碗的价钱，走了。

彭翼仲回头对伙计说："洋兵进城，有没有好处？头一件，高低贵贱都没了，大家都是平头百姓！"有一位翰林，"平日甚为人礼敬，今则卖糕为生，此事亦不足奇，在今日固甚多矣"。(《庚子使馆被围记》)

挂货摊子不挣钱。彭翼仲发现隔壁有家磨房，已经关了张。白面这么贵，还供应不上。他决定租了这间磨房，开面店。果然，开店之后，生意奇好，西北城的难民都来贩面。那天来了一位，几乎是打地下爬着来的。彭翼仲给他相了半天面，认出来了："这不是吴大人吗？！"

吴大人是由江宁织造选派来京办理老佛爷衣饰的，就住在西什库教堂后面。彭翼仲因为同乡的关系见过一面，觉得此人倨傲得很。谁知城一破，联军记围攻西什库教堂的仇，将附近街道屠掠一空。吴大人在死尸堆里过了好几天，又到城门洞下与难民乞丐为伍。这时已经快饿死了，听说彭翼仲开面店，赶紧爬上来投奔。

彭翼仲让他在家休养了几天，借他一匹老骡，每天驮上几十斤面，牵到西安门内，卖给难民，就便自己糊口。辛丑条约签订后，吴大人回了南方，又当了他的富翁。听同乡来人说，他在家里设了佛堂，每天高诵佛口，祝彭翼仲彭恩公长生不老。

彭翼仲那时已经办了蒙养学堂，不教"三百千"和四书，只讲些历史、地理和光电化学，听到这种情形，大摇其头："他不想想，庚子拳乱是怎么闹起来的！还不是拜佛设坛！他还每日念佛，愚不可及！愚不可及！"

四、后 来

从1900年8月14日城破，到1901年8月15日八国联军除留护使馆者外均撤走。整整一年时间，北京市民过着无异于殖民地的日子。在屈辱与恐慌、饥馑之外，他们也慢慢改变着几百年来对外国人“蔑视与憎恶”的心理。

“‘属于日本’作为一张揭帖出现在哈达门大会的一间破旧的小屋子里，另一个招贴为：‘高贵的好先生，我们是好人，请勿射杀我们。’还有更甚者，即在曾作为义和团坛口的一座庙的门上，令人吃惊地贴有‘上帝基督徒的人’。”

“不久前受到枪炮攻击的城中的外国人，现在开始在中国人中间张贴广告，告诉当地人在何处有教授英、法、俄语或日语的学校。在紫禁城的入口处的墙上钉着一巨幅广告牌，通知青年会开设的阅览室、书写室和咖啡间的地址。在西交民巷可以看到端正的大写字母写的告示。法文和德文广告随处可见，在南城充满了用欧洲主要国家文字和日语书写的通告，种类繁多。”(《中国在动乱中》第28章)

过了三四年，彭翼仲念及民智不开，才会野蛮排外。为了教育民众，让庚子变乱不再重现北京，也为了让中国人有说话的权利，他和妹夫杭辛斋、好友梁济等人办起了《京话日报》。

有一日彭翼仲坐车回家，在东交民巷口，远远看见两个德国兵赶车运货回营，嫌前面的一辆人力车太慢，跳下来就打，打车夫，也打坐在上面的老者。彭翼仲大怒，立即叫洋车跟着德国兵车，可惜一路上两个德国兵都不曾回头，就进了兵营。彭翼仲只得与德国兵营守卫对了对表，记住是午后2点10分。

第二天，彭翼仲将此事写成文章，痛斥德兵无理，并警告德国兵营应该惩罚打人者，刊在《京话日报》上。第三天，外务部请他去。

外务部说，德国公使来函，要求《京话日报》指认打人者，不然就算诬告。外务部要《京话日报》自己了结此事。

彭翼仲已经不是当年去告美国兵的彭翼仲了。他没有再去德国兵营，只是在报上作答说，自己没有看清那两个兵的面貌，但出事时间地点如此明确，军营规章严明，难道找不出凶手吗？据说德国兵营居然认真追查，惩处了打人士兵。

一九〇四年十二月二十八日，《京话日报》刊出《敬贺各国新年预告各国使馆卫队的长官》，希望各国使馆在西历新年期间管束士兵，不要骚扰中国百姓。两个星期后，有读者来信，赞扬《京话日报》的舆论力量，新年期间，果然没有洋兵进入华界生事。

一时间，彭翼仲被人骂“汉奸”，骂“洋报”的委屈，似乎都烟消云散了。

五、遮　羞

光绪三十二年八月（1906年9月），巡警部专折奏参两份报纸，一份叫《中华报》，一份叫《京话日报》——这两份报是同一批人办的，罪名是“妄论朝政，捏造谣言，附合匪党，肆为论说”，请将主笔杭辛斋、彭翼仲“递籍禁锢”，十二日，京师警察厅即逮捕二人。

这起报案颇为蹊跷，因为巡警部的奏折完全不列举犯罪事实，何谓妄论？什么谣言？谁是匪党？外界一概不知。后来，杭辛斋被递解回浙江海宁原籍交地方官监管，彭翼仲则因为关押期间有“持枪行凶”的行为，不是递解回原籍苏州，而是发配新疆十年。

报人为何罹此重罪？有好几件事都是触因，如这两家报纸揭露军机大臣瞿鸿禨纵容卫兵抢掠，连续报道“南昌教案”洋人打死知县，警方怀疑该报社留宿革命党，等等。但最重要的，应该是《中华报》发表的《保皇党之结果》一文。八月十一日，彭翼仲、杭辛斋与友人望桂臣在正阳楼喝酒，席间报馆有人“踉跄奔入”，说：祸将不测，速速藏避，万不可回报馆。彭翼仲立刻对杭辛斋说：“《保皇党之结果》发作矣。”这是早有预料。

《保皇党之结果》主要纪录这么一件事：当年六月末，警方在北京逮捕了吴道明、范履祥，解送天津交北洋营务处。二人最终被秘密枪决。枪决的理由，是吴、范二人属于“康党”（他们自称是“保皇党”）。

这件事被《中华报》的访员（记者）知道了，告知报馆，主笔杭辛斋因为事关重大，派专员往天津采访，用了五天工夫，核实死者口供，及“暧昧处死之情形”，证明此事非虚，于是“决然宣布”。报馆当然是知道其中风险的，为什么呢？

此时清廷已宣布“预备立宪”，诏令中对于西方式的司法独立、审讯公开等法治细节，都有所宣示。然而，保皇党人被处决案，完全是黑箱运作。

首先，吴、范两人属于“政治犯”，西方“文明国家”的政治犯，一般不判死刑，只是控制其影响而已。其次，北京被捕，为何送往天津审讯处决？再次，从逮捕至处决，未及十日，外界全无闻见，完全不符合法律改革的精神。

在彭翼仲看来，既然已经宣布了“预备立宪”，还有这样暧昧杀人之事，立宪希望，岂非虚语？他认为主管其事者，上报朝廷必有虚情，偏偏《中华报》、《京话日报》，是慈禧太后指名每天必读的报纸（为此两报还曾骄傲地在报头标明“进呈两宫御览”）。报纸一旦揭露此事，对“当道”多有不便——这里指的“当道”，是天津营务处的直辖领导，直隶总督兼北洋大臣袁世凯。

慈禧太后是被蒙蔽的，还是默许袁世凯秘密处决保皇党人，这肯定已是悬案。但既然预备立宪之诏已明示天下，腾然众口，再用这种黑箱运作的方式捕杀异己，未免说不过去。当局虽然不能遮天下悠悠之口，但惩罚首揭其事的媒体，既可遮羞，亦以泄愤，还能杀一儆百——《中华报》、《京话日报》被封之后，京津各报，无敢言保皇党人案者，即是明效。

说起来彭翼仲、杭辛斋还算赶上了当局有所忌惮的好时候。整整一百八十年前，即雍正四年（1726），便有两位报人前辈，因为报道事实，遭了极刑。

这二人名唤何遇恩、邵南山，他俩办的“小钞”上刊登了这么一条消息：“初五日，王大臣等赴圆明园叩节毕，皇上出宫登龙舟，共数十只，俱作乐。上赐蒲酒。由东海至西海，驾于申时回宫。”这条消息本来毫无犯忌之处。坏就坏在雍正在是年端午节前已传谕内外，今年过节不作乐（可能是有灾异之事，皇帝想表示与民同戚）。你偏偏要刊登皇上王公大臣游玩嬉乐的消息，不是“捏造”是什么？于是兵刑两部奉旨“详悉审讯”，拟的结论是“捏造小钞，依律斩决”。雍正偏偏还要装模作样，“法外施仁”，御笔朱批：“应斩，监候。”死刑立即执行，改成了死缓。（事见王先谦《东华录》）

何、邵二人有没有躲过“秋决”，留下一条小命，我们不得而知。前后一百八十年，两起事件的相同点，在于这些报人并不像后来的邵飘萍、林白水、张友渔，立意是要反抗、颠覆当局，相反，他们的报道与评论，不过是希望帮助朝廷言行一致，更为天下百姓拥戴而已，也即鲁迅所谓“老爷，人家的衣服多么干净，您老人家的可有些儿脏，应该洗它一洗”，不想朝廷不领情，还说你捏造事实，搞得像贾府焦大一般，塞了一嘴的马粪。（《言论自由的界限》）

这其中的奥秘，就在于朝廷自己也知道这么做不光彩，不是什么长脸的事儿，偏偏你们这些报人不识趣，哪壶不开提哪壶。惩治一下，也算是出口恶气，却再想不到事情总是越遮越羞。花剌子模习惯性地杀掉报噩耗的信使，结果若何，大家都见到了。

抢　米

一、闻　警

京师的春昼，大半总是晴日为多。倘能有纷乱淋漓的细雨，便容易让人想起温润的南方。我已经好些年没回望城老家了。

轿子在门前停下。并不是很大的门楣，却自有静立的古意，小沙弥替我开了门。今天有雨，一柄伞带领着两柄伞，逶迤踱进深院，那里有人等着。

这里是法源寺。离长沙会馆不过四五里地，但彭坚持要在此聚会。这里的丁香花大大有名，尤其是空结雨愁的日子。龚定盦名之为“香雪海”，李越缦说“京师花尚可看”，便是指的此处。

然而今日之会，不是为了看花。

彭、黄、罗都已在。

“诸位都看见昨日的邸抄了吧？”彭的声音低沉，眼睛里满是血丝。

我点点头，从怀里掏出一本册子。“我带来了。岑老五的奏折上说，是因为湖南米价日贵，绅民要求禁运出省，办理平粜。不料三月初四下午，有痞徒煽惑贫民，在省城南门外聚集多人滋闹，并将巡警道赖承裕殴伤，并涌入城内，包围巡抚衙门，不听地方文武开导，将巡抚、臬台衙门两处头门打毁，并乘势冲击西长街大清银行及信义会、福音堂、内地会三处，打毁、烧毁房屋三间。痞徒迄今未散。我看这里面有文章！”

“不错，”黄拊掌表示附和，“我湘澧州去岁水灾，波及全省，米价连日飞涨，这一点我们都是知道的。二月底我收到家书，说三湘各地已有贫民联合闯进大户，俗称‘吃排饭’的情形。湖南民情剽悍，这不假，但若非地方官员赈济不力，激成民变，怎么会闹到烧衙殴吏的地步？”

“岑老五这个纨绔！”罗一拍桌边，刚想发作，沙弥进来掺茶续水，大家暂时止住了交谈。

岑老五是指岑春蓂，他做到湖南巡抚，大家都说是靠了父（岑毓英）、兄（岑春煊）、师（张之洞）之功，实则其人骄横跋扈，不通民情，我们在京的湘籍御史早就想弹劾他了。

沙弥一走，罗迫不及待地翻开我带来的邸报，点着岑春蓂奏折的最末一段：“你们看，‘倘敢逞凶抗拒，扰害治安，则是形同叛逆，唯有示以兵威，格杀勿论’！我看事情一时不会了结，还要闹大！”

这个结论似乎大家都承认，但又不大情愿看到。一时间，又陷入静默之中。

“此事并不是湖南方面先报知朝廷的，”一直没说话的彭，用手捻着下巴上的胡须，“三月初四那天深夜，英国大使就找到了我们外务部的堂官，说接到湖南电报，长沙滋事，英国教堂被打毁，大使馆已经电令上海、武汉两地的英国兵舰，开往长沙保护。我们堂官听到这个消息，吓得目瞪口呆，赶紧发电长沙询问，一面又加急禀报军机处。等到长沙方面的电奏到达，已经是初五中午，再根据电文上所述，紧急约见英国大使，说地方情势已在控制之中，希望兵舰不要派往长沙，以免扩大事端……”

“英使答应了吗？”罗是湖南人特有的急性子，在工部历练了这许多年，也没有什么改变。

“他们怎么会答应？还不是官样文章，说接长沙、汉口领事电，长沙事态紧急，教士和侨民处境危险，兵轮去，只是预备教士和侨民登船避险，那些船舰停在江心，不至于惊扰地方云云。朝廷……朝廷又有什么法子？只能由外务部发电武汉、长沙，再三要求认真弹压事变，切实保护外人……这两天，部里的人，谁也没能睡上一个囫囵觉……”

“这事小不了，”黄望向我，他与我是都察院的同事，“少不得要参几个官绅，如何善后，总也要上个折子，咱们要早作预备。”

我颔首不语。停一歇，方道：“还须了解多一些内情，过几日咱们再聚。此外，朝廷现在很重视舆论，所以要再看看，上海的报纸如何评论此事。”

从法源寺回来，我即刻往长沙、望城、宁乡等地写了六七封信，托当地亲友帮忙访问、打听长沙风潮的内情，尤其是官府在风潮中的作为。

消息还在不断地传来。风潮不仅没有平息，反而来势更凶。初五日，暴民用煤油焚毁了抚台衙门的头二门、大堂、二堂并科房数间。兵队开枪，伤毙数人，人潮才散去。但另一股人群已经将北门外教堂烧毁，日本驻长沙领事的住房也被打坏——外务部的头想必越来越大。受波及损坏的还有中路师范、长沙府中学堂、蒙养院。岑春蓂于初六日拿获了五名暴徒，立即正法。而军机处也在这一天，将这位纨袴巡抚“交部议处”。

彭来过我的寓处一次。他的眼睛似乎熬得更红了，他带来了几份奏折的抄本，还有长沙几个有名士绅如王先谦、叶德辉给他的信。

“事情还没完，官、绅两造，已经在互相攻讦。岑老五一口咬定此次民变，起因在于长沙大户士绅，囤积居奇，藏粮不售，以致粮价飞涨。叶郎园、王葵园他们则反过来指责抚署因循草率，说他们早在二月十七就联名上书，要求粮食禁运，岑老五办事太慢，面对民变，又措置不力，致酿今日之祸。”

“你觉得谁的责任大？”

“地方有事，主事者肯定难辞其咎。不过军机处也有个拟旨，说湖南绅权一向过重，借此事平抑一下，也未尝不是好事……你那边怎么样？”

“我已去信家乡，了解风潮内闻，想来不日会有信。”

“好，有信再通声气。”彭伸手去抓大帽子，我端起了茶碗。

“还有一件事，”他临出门又回身，“部里已经发电报给驻比利时的杨大臣，声明在湘洋人，均经保护避开无恙，市面照常贸易，但是西报谬称此次事件起因是民众仇洋，请他转给西洋各报，以正视听。”

“这么说，确实有仇洋的关系？”

他意味深长地笑笑，匆匆走进了院子里。

二、访 实

接到去长沙的指令，是三月十四日。

中兴以来，湖南出的名将名臣名幕名师遍布天下，但湖南本身，仍然只是一个“中省”。上海的报馆，一般只在湖广总督驻节的武昌府设一个通讯处，兼顾湘鄂两省的报道。我们报馆也不例外，湖广一带全靠我一只钉，长沙那边往往顾不过来，只靠着代派处几位朋友，常常通信报告一些近闻。

这次抢米风潮，初四发作，初五我就得着消息，接下来的一礼拜，日日起身，便急急赶往督署，找相熟的老夫子要长沙奏稿的底本看。岑老五的奏折语焉不详，官话连篇，根本看不出事由端倪，两江总督瑞瀓也跟着含含糊糊往上报。他们更在意的是烧了洋人的房子，武汉英国军舰开往长沙，有可能酿成外交事件。

“不行，”我回到下处，一边吃热干面一边跟自己说，“我得去趟长沙，不然没法知道事情真相。”吃完面，去电报局给报馆发了个电报，要求去长沙访事。武昌这边的事，我可以托同行顶替几天。

十四日，我收到报馆的回电，同意我去长沙。

事变后几日，长沙方面奏发频繁，其中包括署理湖南巡抚杨文鼎的补充奏折，仍然没有什么新鲜的说法。唯一可以注意的两点，一是岑春蓂初八日的奏折里，提到“酿事根由，详查实有二端”，除去禁米出境延误招致民众反对之外（他说是“愚民不知约章，致生事端”），尚有一事，乃因英国领事要重建领事署，考虑到湖南工匠不太明白西洋图式，打算在广东、上海两地招一批工匠来包建，而湖南泥木工行一向喜欢搞垄断，去年曾就因湖北工匠入湘包办教堂工程大起冲突，后由地方将湖北人护送出境才罢，今年听说英国领事署延请外人，就乘机滋事云云。二是岑春蓂、杨文鼎均奏称，作乱民众有会党混入，尤其其中一拨人，身着青衣青裤，称为“青兵”，民间传说他们行走如飞，专烧教堂，跟洋人作对。这支队伍是哪部分的？义和团余党？白莲教？哥老会？洪福会？革命党？连武汉三镇也有许多传说。

正好上海的几种报纸都带到了武昌。上面的报道，大抵是根据岑、瑞的奏折，或来自西报的译电，描述事变经过。但可以看出，报纸的主笔和编辑们并不满意这些报道，他们纷纷撰写时评，讨论此次湖南风潮的来由，总结了不少“潜由”和“前因”，有的说长沙民变，原因众多，如实业不振，农民贷钱种谷负担过重，官府滥发货币导致物价上涨，等等，不只是因为灾年歉收米价高昂；也有的说湖南地方训练新军不力，有事专恃巡警，导致巡警日趋腐败；还有的说社会教育不发达，地方权力都被顽绅把持……总之说什么的都有。这更坚定了我去长沙的决心。

十七日，我乘坐的招商轮船抵达长沙。刚到栈房放下行李，正吩咐茶房打水来洗脸，外面报说有客来访。让进门一看，是代派处的老颜。两天前我曾电报告诉他来长沙的时间和落脚点。

“事情不好办哪，”他皱着眉头，将一份《时报》搁在桌子上。我正要去看，茶房送水来了，姑且先洗个脸呗。

“老颜，喝茶。”我一脸的胰子，指点着桌上的茶壶。“我从武昌带来的五峰，新茶。”

老颜喝茶的当儿，我也把脸洗完了，拿起桌上的报纸一看，不出所料！

那是一张《时报》，十七日专电说，民政部称“湘乱已平，各报纸仍多登载，恐人心摇惑”，因此枢府“特饬民政部”知会各报，即日起停止刊登湘乱报道，以免影响“慰人心而维大局”。

对此《时报》有一篇时评，作者说“入岁以来，乱相迭见”，但是其乱之起，“非起于乱之日，而必有乱之因”，“吾国官吏处民穷财尽之秋，平日从容逸豫，因循粉饰，无不讳言乱事，蒙蔽朝廷”，“凡民间之呻吟疾苦，举不足以介于怀，且悍然无所顾忌”，而湘变风潮，只不过是微风起于青萍之末，将来像湖南这样的事，还多着呢。为什么报纸报道要不厌其详，正是因为要“惩前毖后，为未雨之绸缪”，以免将来重蹈覆辙。政府怎么能把报道看作谣言，总想着闭塞天下的耳目，来为不肖官吏遮掩过失呢？“吾真不知衮衮诸公用意之何在哉”！

“老颜！这篇时评的作者我认识。他说得对！这样压制不是办法，现在流言那么多，全国国民，还有列强都在关注此事，正是应该报馆深加探访，详载事实，以消浮言，以定人心的时候。这道命令一下，反而让举世怀疑这里面究竟有多少古怪！”

老颜点点头：“只是风声加紧，我兄到湘访事，多有不便，而且访出来的又不能登载，岂不白费工夫？”

“不会，”我摆摆手，“咱们报纸办在租界里，民政部只能卡住销行这一块，登什么他们管不着！倒是你们代办处，到时可能会有些麻烦……”（老颜苦笑了一声。）“好，先不去管这个，老颜，你都帮我找了些什么人？”

老颜嘴角浮起一丝微笑。

“三月初四之乱，上至岑巡抚，下至投水而死的黄姓一家，涉及的人员不知凡几，但是，你觉得最关键的人物是谁？”

“我想想……岑巡抚？庄藩司？王先谦？谭延闿？……都不对！激起民变的转捩点，是在巡警道赖道身上，他叫什么名字？”

“对，赖子佩！他的官名叫赖承裕。咱们虽然访不到他，但我帮你找到了一个人，此事的前因后果，问他最清楚了……”

三、口　述

小姓余，不是本地人，是，小地方江西抚州……不过来长沙也快廿年喽。访员先生，你在这坡子街望一望，最大的那家首饰店正是敝生意，余太华……要不要带一点礼回武昌送人？走内眷门路，用得着，哈哈。

巡警道赖老爷，嘿，当然认识，那是敝人的至戚……哎，哎，小女正是许给了赖公的文孙，小婿还在修业学堂，所以未曾毕姻，本来是今年秋天成礼，已经在上海订了铜嵌螺钿的大床……哦哦，好，说正事，省城闹事之后，敝人去探望亲家赖公，他亲口告诉敝人的。敝人晓得兹事体大，不敢在外胡言，只是前几日在敝乡会馆摆压惊酒，被几位乡亲嬲不过，才说了这么几句，不想居然被你先生晓得了。

不过二位先生说得对，敝亲赖公如今千夫所指，含冤莫白。他官身不由己，不便开口，敝人只是区区一贾，可以替敝亲辩白一二。

你先生可曾听说，风潮之起，都是因为碧湘街有个姓黄的挑水夫？我听人说，他一家四口，全靠一人挑水养活，三月初二那日，家中仅余七十文钱，黄，黄什么，哦，黄贵荪！他让堂客拿着钱，去籴一升米回来，煮锅稀饭，全家暂度几日。哪知他堂客走到前街的戴义顺碓坊一问，一升米已涨到了七十二文。他堂客哀恳了两句，碓坊主人毫不理会，那堂客一气之下，走到南门外老龙潭投了水。黄贵荪向晚回到家中，才听说堂客跳河，跑到老龙潭边一看，只剩两个细伢子在那达哭哭号号，黄贵荪气不过，拉着两个细伢子也跳了潭……一升米，四条命，真是造孽！你先生若要去看老龙潭，城南书院外面便是。

这件事，当天就传遍了长沙，街上都骂戴义顺不仁不义。他不单是少钱不卖，听说，有个娭毑（对老年妇女的尊称）去卖米，有两个钱烂哒，他也不卖，娭毑回家去掉换了来，一眨眼工夫，米价又涨了两文！这种事很多，闹出了人命，街上发一声喊，就把那碓坊捣烂，为首的听闻已抓进了县衙门，是个皮匠。

他们还要打戴义顺，戴老板就喊起泼天冤枉来，说“怪不得我，涨价跌价，都是鳌山庙总局定的”！大众就将戴扭到鳌山庙巡防总局，总巡官姓周，见势不妙，飞请善化县郭大老爷出面，好说歹说，答应次日中午平粜谷米，闹到三更，才各自散了。

第二天，初四，早饭刚过，众人又闹了起来！这次郭大老爷弹压不住，只好派人上禀抚台衙门。听说此时闹事的人里，已经混了会党！还有人在街上贴了揭帖。抚台老爷一听见如此说，就命敝亲赖公率兵去平息风潮。

敝亲当日言道：他也知道饥民可怜，不愿前往。当不得岑抚台一再威逼，说什么本抚一力保举你当巡警道，养兵千日，用在一时，理当感激驱驰，再推三阻四，小心顶子不保！敝亲职责所系，只好勉为其难。因为闹得急，敝亲尚未用早膳，南城巡警分局巴结上司，准备了几盘点心，不料被乱民看见，大呼我们饭都没得吃，官老爷还在吃点心！一哄而入，把公案打得粉碎，点心踏得稀烂，群情汹涌，难以遏阻。敝亲眼看乱象已成，只得避进分局，打德律风到抚台衙门去请示办法，开头抚台老爷不理，打得急了，反而大骂敝亲，叫他“刁民无状，从严惩办便是”。

外面都传说，敝亲说了句“一百钱一碗的茶有人吃，八十个钱一升的米就嫌贵，非办人不可”，才引起了骚乱。敝亲当日躺在病床之上，流着泪对敝人讲：我也是三湘子民，哪能说得出格样的话！这话是岑抚台在德律风里说的，他说湖南人混账，茶楼的茶卖一百个钱一碗，有人吃，一升米才卖八十个钱，倒嫌贵，真是不办不行。敝亲说，当时在抚台衙门的人都听见抚台老爷说这话，不信你先生可以去问。

那日就如此闹了起来，众人一哄，冲进分局，将敝亲抓住，吊在树上，只吊一只手一只脚，喊说是“吊半边猪”，然后就有人推搡，有人打耳光。两位先生想想，敝亲是过七十的人了，哪里吃得这般苦头？好在小婿就在修业学堂，离那里不远，听得人说，忙叫了两个同学一齐来看。到地头一看，啊哟，祖父吊在半空，几个亲兵呢，不敢上去救，远远地看。不怕两位见笑，小婿脑子是很灵的，他就教几个亲兵，脱了号衣，从人群里钻进去，先上去打敝亲一个耳光，骂声“老不死”，然后向众人道：我们拖他去见抚台，治他的罪！众人觉得有道理，都喊“要得”，这才弄块门板，一溜烟往抚台衙门里跑。

众人先时还乐呵呵跟着后面，哪知门板一抬进去，大门就关上了。众人被挡在外面，哪里肯依，鼓噪着要见抚台，岑抚台当然不肯出来，众人焦躁起来，就把抚台衙门烧了。

敝亲捡了一条命，但也被岑抚台参了一本，说他身为巡警道，职司公安，却弹压不力，加剧风潮，理合参办。可怜敝亲，现在还躺在床上，缓不过气来，只是跟我们几个至戚说，岑老五不早办平粜，激起民变，却要他来背这只黑锅！敝亲年过七十，去年因几次风潮，被咨议局大肆弹劾，早有辞官之意，不想走得晚了，几乎弄得性命不保。访员先生，我不是袒护敝亲，那日抚台衙门外，大家都听见的，众人喊得是“长沙人不要岑春蓂当抚台”！你们做了文章，登在报纸上，总要替敝亲辩辩冤，还他一个清白才好……

我们出了茶楼。我问老颜：

“余介卿虽然说得清楚，毕竟太回护赖道。不过此次风潮，祸首是岑老五，外间舆论都是一致的……他刚才说闹事时有揭帖出现，你见着没有？”

“嘘！到代派处再说！”

他神秘兮兮地把我让进了里间。“头一、二张揭帖，我没有亲见，听人说，是一张四言，一张五言，说什么‘中华十八省，一概尽归姜’，还有什么‘丕汉元年’的落款……后来我就留意街上，被我收了一张……”

“哦？快拿来看！”

“噤声！莫教外人知晓！”他往门外张了张，才打开一个妆盒，拿出一张折了四折儿的纸来。

纸是黄色的粗纸，上面的字很大，不是用墨，而是用炭条写的。我让老颜注意着外间，自己把揭帖拿到窗前细细地轻读：

“钦命二品顶戴署理湖南分南路总督曹，为出示晓谕事……照得，近来米价昂贵，贫民难以投生。各署狗官不知饥民受苦，种种告示，从不提起米价太高，迎接洋人犹如中元接祖。倘饥民求食，动辄带局办，我兄弟六人来湘住有数日，见一班狗官奴隶个个不容，兄弟商量将狗官一概撤尽，想个主意，焚署局及教堂。要除狗官，非此不可。主意已就，不到两日成功，都只为保全贫民起见。我兄弟六人暂时回去。夏季到，骑青马，是日兴兵。特示。”

我有些兴奋，又有些惶恐。“老颜！看来，真的要出大事了！”

“明天有船回武昌，要订票吗？”

“开什么玩笑，我在这里等……武昌，武昌又不会出乱党！”

四、余 波

京师的五月节总是特别热闹。这些年来，几个相熟的同乡京官，轮流做东。今年轮到黄，他的寓所在烂缦胡同东头，戊戌年掉脑袋的谭复生，当年就住在他家隔壁。

黄家布置得很有节味儿。一进大门，两边都插上了蒲剑和艾虎。进了院子，大北屋门上贴着两张黄纸朱砂的天师符和钟馗像，客厅茶几上点了两根红烛，摆着一盘核桃酥饼，上头印着五毒，还有好几碟子的红樱桃，黑桑葚，白桑葚。

“咱们先就着果碟、冷盘喝酒，”黄高兴地搓着手，“待会再吃粽子，有赤豆小枣的，也有嘉兴粽，肉的。”

高兴归高兴，喝着喝着，还是免不了说到家乡的乱事。

“前日看《时报》，长沙乱事已经平息，但宁乡、益阳，各地会党相继而起，虽然署湖南巡抚杨文鼎死命镇压，仍收效不大，兵来匪往，吾湘民众大受困扰，唉！”

“那些都不算什么……”

“那什么是大事？”黄的眼睛睁得溜圆。

罗竖起两根指头：“一，事情闹得那么大，咎由谁负？责归何方？这是朝廷头痛的事情……二，烧了衙署、学堂，还好说，烧了领事馆、教堂，洋人不依不饶，如何赔偿，从何赔偿，定当大开谈判，大费周章。子芳，你说呢？”

彭点点头。“杨文鼎在省城用了霹雳手段，赖子佩指认一个皮匠将其绑于树上，他当时在皮匠手上咬了一口，于是凡手上有伤疤的，尽数搜拿，赖道又说领头的有个癞子，于是长沙城内，这几天一个癞子都看不见，大牢里下了几十个癞子！听说杨对身边人说，不杀不足以立威……大约民变暂时可以平息，善后倒的确很棘手……”

“湖南咨议局局长谭延闿二十四日带头上奏，说‘湘乱由官酿成，久在洞鉴，事前湘绅屡请阻禁、备赈，有案可查’，不赞成分罪士绅，这怎么说？”

“湖南绅权颇重，谭组庵当然这么说，”罗鼻孔里哼了一声，“朝廷已有批复，咨议局职司立法，不宜干预地方政事，等于是驳回了。”

“朝廷这话说得有些失当，”我抿了一口雄黄酒，“咨议局代表一省之舆论，怎么能说与地方政事无关？我瞧如此内重外轻，恐怕正是动乱之源……先不说这个，子芳，赔偿的事谈得怎么样了？”

“部里正跟各国使团在核算呢，诸位想想，不单是损毁房屋财物，还有军舰出动，转送难民……哪一处不给你算进赔偿里去？开埠七十年来，这种事变，可有我国占着便宜的？”

饭桌上气氛一时很郁闷。

倏忽又是一个多月。不出所料，湖广总督瑞澂、湖南巡抚杨文鼎会奏的折子，对地方文武多有维护，对士绅则大加打压。岑春蓂，还有藩台庄赓良，定的交部议处，赖承裕，还有盐法道兼长沙关督监朱延熙、长沙协都司贵龄、左营守备周长泰、消防所长游击龚培林、警察委员知县周腾，一并革职。而长沙士绅王先谦、叶德辉、杨巩、孔宪，即行革职，“从重治罪”。折子还说“现值朝野筹备宪政之际，正官绅协合进行之时，如任听此等劣绅，把持阻挠，则地方自治，恐无实行之望”。

“这是敲了谭组庵他们一记闷棍，”黄笑着跟我讲，“筹备宪政，地方自治，湖南闹得很凶，朝廷这次算是给他们一点苦头吃吃。”

“这没什么道理，据各报及奏折上所述，三月初三，因善化县郭令许次日平粜，人众已然散去，但巡警捉拿滋事人刘永福一名，次日民众复聚，索还被捕之人，巡警本来已有松动，但巡抚岑春蓂申饬巡警道赖承裕，说被捕之人，一经聚众要挟，便准省释，政体何在？不仅不准释放，反要严加弹压，这才酿成民变的呀！官惹出来的事，却要士绅来分责……”

“朝廷当然要对地方官吏曲宥一点，你听说了吧？此次赔偿，由湖南与各国领事就地议决，湖南奏闻，要向大清银行借一百二十万两银子，分三年还清本利。”

“这事准了么？”

“不准能怎么样？朝廷又没有金矿银矿，外务部都不管了，最后，不还是着落在杨文鼎这些人身上？”

“笑话！真是笑话！”彭一进门就大声地嚷嚷。

乱世的日子过得真快。一转眼天热如炉，一转眼又秋了，再一转眼，雪已经下了一寸多厚。

我们都等着听什么笑话。但总得让人摘去大帽子、护耳，脱下大衣服、换皮袍，再到炉边暖暖手，喝杯酒祛祛寒不是？

“还记得五月节吗？那时我就说，善后的事棘手，果然！从五月谈到现在，德、法、美、日、挪威五国都议定付款了，只有这该死的英吉利，始终定不下来，几个月下来，部里的堂官都换了两个！”

“究竟是卡在什么环节上呢？”几个人都很关心此事。

“还不是争多竞少，讨价还价。外务部就像个掮客，在中间斡旋调解……我这不是开玩笑，英国领事开出的照会，价码是五十三万七千两，这个数目比德、法、美、日、挪五国的总和还多！

虽然英国出动了军舰，毕竟不是他们跟中国打仗，这里面定有浮领，照会里也没有详列损失清单……哪知杨文鼎给部里来电，说经双方调查核实，英方损失超过五十四万，英国已经通融了不少，而且付银只需平色例银，不需足色纹银，等于英国已经做了让步！”

“地方官愿意吃这个亏，外务部不落得顺水推舟吗？那又有什么枝节？”

“嘿嘿，所以说是笑话啊。杨文鼎给部里的电文里说，其余五国都顾念邦交，在要的数目上，有的打七折，有的打八折，赔英国的款子呢，不指望折扣那么大，希望给个九五扣总可以？谁知谈了许久，英国领事坚持说要公使同意才可以，于是湖南打电报要外务部帮他们去给英国公使谈，看能不能九五扣偿付……”

“那是多少？”

“大概五十一万多吧……部里很为难，这事师出无名哪，要是你说英商浮领，可以据理力争，现在承认人家报的都是实情，却又无端要求打个折扣……诸位知道，英国人最难讲话了……”

“到底帮他们去讲价了没有？”

“搁了三天没动，杨文鼎又来电报催问，说年关将近，商人急需现款，这种时候还债，一般都可以打个折扣，想必英国人也是这样……而且英国领事出示照会时曾说，不能多减，那么，少减或者可以？……就是这样一派说辞，部里被逼得没法子，只好给了英国公使一个照会。”

“结果呢？”

“结果是不行！英国公使当面说，他们的赔款数额因为太低，曾被英商在本国提起控诉，指责他们不为侨民争利益，现在万万不能再减，如果湖南一再迁延，那两国就要翻议。话说到这般田地，部里只能原样回复长沙了。”

“长沙怎么说？”

“还说什么，吓得屁滚尿流，今天来电，说全款已经照汇到汉口银行。这事就算结了！”

“这么说还算圆满？”

“圆满？嘿！”彭的眼神里夹着怨愤与担忧。“银子进了洋人的口袋，湖南地方上呢，立时就得开始还第一期借款，本息照付，转过年来，长沙的米是不是要更贵？湖南真的像杨文鼎说的，人心大定，地方绥靖了吗？”

雪簌簌地下得更大。那是宣统二年的腊月十四日，还有十来天，就该祭灶、封印、过年，宣统三年已经不远了。

白　话

老中国是有自己的一套稳固的科层制度的。刑不上大夫，礼不下庶人，民可使由之，不可使知之，万般皆下品，唯有读书高……然而这一切在西方“横的切入”之后，都变成天翻地覆，支离破碎。中国知识分子先是倾慕“船坚炮利”，接着又觉得可以“中体西用”，六君子的头掉了以后，看破朝廷无可作为，大抵便想到了“开启民智”这条路。

启蒙知识分子说，民心可用，“这一辈子的人，不知便罢，倘然知道了天下的大势，看透了中国的时局，见得到便做得到，断断不像那般读书人口是心非，光会说大话做大文章”（《中国白话报·发刊词》）。如何教导他们知道天下大势？当然不能用须学十数年才通晓的“文言”，而要改用“白话”。

可是，“白话”又是什么样子的呢？这个，几乎没有人知道。尤其对于江淮以南的民众，他们之间并不通用上京赶考必会的“官话”。

胡适后来批评清末的启蒙者，说他们怀有“二元的态度”，文言给“我们”用，白话则给“他们”用。胡适自己也参加过清末的白话办报运动，主编过《竞业旬报》，他应该知道，且不说态度不态度，“白话”是啥样，白话说到什么样子，民众才听得进去，这些启蒙者也是两眼一抹黑，摸着石头过河。相比之下，他们用文言互相交流倒是驾轻就熟。从投入的心力和折腾的程度来看，反而是“白话”成本为高。胡博士未免太苛求包括他自己在内的“古人”了。

一开始，启蒙知识分子也满怀信心，他们觉得“用中国外国正史小说，各种样子掺和起来，拿通行的话演成书，又浅又显又简捷，就是妇女们小孩们，一看也明白，不识字的一听也知道”。所谓“通行的话”，就是宋元话本小说式的“白话”。

很快，读者的回馈来了：“白话报”文义太深，“十成中到有八九成替党派中人及学生社会说法，若送把我的阿姊阿嫂弟弟妹妹去看，就有些不贪收了”。

这一来，连当时销行量最大的《中国白话报》编辑也不免于尴尬，因为他们在《发刊词》里拍着胸脯担保说：“我这白话是顶通行的，包管你看一句懂一句”，一定能让“各位种田的、做手艺的、做买卖的、当兵的以及孩子们、妇女们，个个明白，个个增进学问，增进识见”。显然，文言翻译成了白话，仍然没法让白话报成为真正的大众读物。

无奈之下，编辑只好回信说：中国国民的范围太广，我们照顾不了那么许多，“我这报并不是一直做给那般识粗字的妇女孩子们看的，我还是做给那种比妇女孩子知识稍高的人看，教他看了开通之后，转说把妇女孩子们看，这叫做间接的教育，所以说话不免高些”。

编辑先生此时，想必还在怨叹自家报纸使用的语言不够通俗，不够口语。其实他们没有弄清楚，真正妨碍大众阅读白话报的，不在于语言，而在于内容。我们试看《中国白话报》“新闻口语化”最极端的一次尝试：

> 中国驻各国钦差，联名电奏请变法，那位满洲西太后，看了奏，勃然大怒，将奏丢在地下，口里说道：唔早已变得蛮好格哉，颐和园里向外国货买得交交关关勒哩，你还要说倫格变法弗变法，唔呀弗高兴格哉。（《中国白话报》第九期）

全用苏白，苏沪一带的民众是否就“贪收”了呢？一个种田的、一个做小买卖的，不了解时局，不懂得政治、外交、国际贸易方面的“常识”，他知道这位西太后为啥不肯变法？就算有人一字一句念给他们听，肯定还是一头雾水，弄弗清爽哉。

三　字

这是一件发生在传媒还很不发达、官民都还没养成看报习惯时的小事。

让我们用中央电视台《走近科学》的调子来开始这次叙述。

瞿宣治是一名普通的学生。他出生在北京南城，汉族。父亲是一家绸缎铺的伙计。身为独子的瞿宣治从小没有被送去学徒，他的父亲让他进了私塾念书，希望借此改换门庭。

十六岁的时候，瞿宣治参加了第一次顺天府试，不中。一年后，他选择了报考当时大户人家子弟不太瞧得上的译学馆，成为一名未来的“通事”。

译学馆的生活是平静而枯燥的。瞿宣治像所有同学一样，早晚四堂课，每月两天假。他的功课不好也不坏，留给教习们的印象也不算深刻。

不料，一件小事，让他成为学校里最引人注目的人。

十二月下旬的一天，瞿宣治涨红着脸来到训导处。他用颤抖的声音说，他的讲义册上被人写上了三个大字。紧接着的两节课，同学没有在教室里看到瞿宣治的身影。晚膳的时候，他也没有出现。而督学办公的房间，也一直紧闭着。

究竟是三个什么样的大字，引起瞿宣治这么大的愤怒，和校方高度的关注呢?

同学们窃窃私语，议论纷纷。他们说，出现这种不寻常的情形，一定是了不得的大事。他们揣测，到底是哪三个字有这么大的威力？

渐渐就有流言说，那三个字不是别的，就是“革命党”！眼下南方革党闹得正凶，译学馆的学生对此也有所耳闻，他们当中甚至有人看过上海革党办的《苏报》，上面说，要把满洲人杀光，赶走，光复汉人江山。

听到的人都倾向于相信这个流言。瞿宣治不就是汉人吗？听说他的老家就在湖南，湖南籍的革命党人，可不在少数！

大栅栏和陶然亭的茶客们，听说这个消息，都大摇其头。学生，唏！那能有什么好儿？前两天，不是有个学生，架洋眼镜，穿蓝布长褂，到某部郎家，骗了十两银子吗？洋报上登的，错不了！

敢情！京师大学堂总教习，日本人，服部宇之吉，官有翰林那么大吧？前儿个不也训学生，要他们戒怠戒惰，好自为之吗？瞧瞧，连日本人都训他们……

京城的媒体也很快做出了反应。发行还不到一个月的《中华报》于事发第三天就登出了这则新闻。“编者按”说明这是根据投稿摘登的。而新闻里也没有说明那“三个字”是哪三个字。

事情越闹越大了。三天之内，学部尚书、侍郎、司官、步兵统领等人的府上，都收到了匿名揭帖，上面说，瞿宣治是南方革命党派来潜入京畿的奸细，他已经在译学馆内建立了一个组织，密谋新年之后在北京举事。

译学馆的督学坐不住了，他赶往学部堂官府上，向各位大人解释此事。然而流言并没有平息的意思，反而愈来愈炽。瞿宣治受不住压力，已经休学回家了。而流言说，革命党已经发展了一两位学部的高官，此事极有可能酿成大案，牵连的官员品级、数量都会超越名动一时的“杨乃武奸情杀夫案”。

又过了一天，《中华报》登出了一则译学馆来函声明：

> 本馆学生瞿宣治讲义册被人大书三字，前日见报时未曾注明。外间演言有谓系革命字样，并有人臆造匿名揭帖无端诬陷分送显要达官。

声明说，这种流言完全是无稽之谈。如今译学馆本着对本馆负责、对瞿生负责、对大清国负责的精神，公开讲义册上的三个字。但因字眼不雅，故只好用“反切”的方法标明：“其字为迈艾切，皮意切，古五切”。

“反切”这种拼音方式现在不大有人知道了。在当时，几乎是读过书的人的通识。很多年之后，我在图书馆里翻阅旧报，看到光绪三十年十二月一日（1905年1月6日）的这份《中华报》，忍不住莞尔。

这不就是“卖屁股”三个字吗？译学馆里，师生全系男性，清朝官员又素有玩相公的风气，唔……（我这样想，当年阅报的民众也一定这么想。）

段子就是这样，不是政治，就是色情。至于流言所指，卖给谁，为什么卖，当然不会有后续的报道。

南　北

近代中国人有明确的“南北”意识，我以为大约是1900年始。之前固然有“南七北六一十三省”之说，但究竟是大一统的国度，政治位势、经济水准虽然差距极大，“南北”更多的是文化风土上的意义。

1900年庚子事变，慈禧、光绪仓促外逃，东南封疆大吏张之洞、刘坤一、李鸿章却联手促成“东南互保条约”，虽然避免了战祸南延，却也主动拒绝了“勤王”的义务。这一事件对于时人心理的冲击之大，可想而知。

1905年，华东诸省水灾，上海善会带头发起募捐赈灾活动，京津一带也多有响应。不过也有北京人说风凉话，说“南省被难又不是俺们北方人害的，与俺们无干”。另一边，北京《京话日报》等团体发起“国民捐”，希望通过国民的共同力量，帮助政府缓纾庚子赔款的压力，“有人听见南方人说，北方人惹的乱子，与我南方人无干，我们不能还这个债”。南北心理暌隔的现象引起了有识之士的忧虑，他们多次投书报章，宣称“同是中国人，就该当彼此怜爱，万不可再分南方北方”。

这种美好的愿望随着时局的发展，变得愈发渺茫。1911年武昌起义、南京临时政府成立的消息连续传来，“南人北伐”的前景是许多北京人，尤其是旗人的大恐惧。而此时，在皇族内阁和袁世凯的铁腕统治下，京师的报纸已经无公正可言，如《民视报》等报甚至公开上书，嫌政府的报律太过宽松，以致“鼓吹共和”的报纸没有得到应有的惩处。

正是这些御用报纸，不断地在版面上发布各种谣言，攻击南方的政府和民众。试摘引当时北京报纸上的几则消息：

（一）上海戏园排戏，让人扮成孙文坐在上座，阶下跪着几名囚犯，背上分别写着河南、山东、直隶、奉天、吉林、黑龙江等字样，革命党对囚犯们鞭挞辱骂，无所不为；

（二）孙文和其党徒平时开会，从来都将北人称为“北狗”；

（三）孙文已经和西方各国签证协议，预先将北方各省的铁路、矿产都赠予各国，以换取他们赞助共和；

（四）长江一带，革命党军严查过往商旅，只要是北方口音的人，一被抓住，即被指为奸细，不经审判，径行枪毙。

这些消息对当时北京民众心理的影响，可想而知。好容易等到南北和议达成，袁世凯受让大位，南方政治、文化精英纷纷北上入京。北京的旧贵族、旧官僚对南方革命党人仍然仇视有加。而某些革命党人以民国元老自居，骄横跋扈，也不免落人口实。当时北京舆论界有一种说法，称“南政府中人多水浒传人物，北政府中人多红楼梦人物”，如孙文像宋江，胡汉民像吴用，黄兴像武松李逵；而北政府中的红楼人物更是成系列，分别是：

袁世凯如宝玉，唐绍仪如袭人，庆王似李嬷嬷，段祺瑞似焙茗，赵秉钧似麝月，杨度似晴雯，梁士诒似小红，张勋似薛蟠。

当时还有人在《亚细亚日报》中撰写《新红楼》一则，说的是凤姐病重，贾母老迈，大观园里一时无主，王夫人李纨等一起议论谁能出掌大局。大家说，探春虽然干练，可惜是个庶出；宝钗识大体，可惜自家事情也多；想来想去还是林黛玉，又精明，又清闲，和宝玉感情又好，不如请她当家罢。正商量处，外面仆从丫鬟老妈子一起喊叫起来，道是：林姑娘身份固然高些，只是三姑娘是我们家里人，林姑娘是南边人，我们一定不要她的！

一百年后，带着对史实的了解，再看当时报纸的类似言论，很有意思。

黑　血

现在已经没有多少人知道《可报》了。也难怪，它只存在了短短的二十四天，而且那是在1911年，风云变幻的革命年代。就算《可报》的停版震惊一时，而今它也只能厕身冯自由《革命逸史》中那一长串“与革命党人有关”的报名行列，连一张报样也未留下。除了同时代报人只言片语的转引，反而是在广东巡警道下令停版的“特谕”里，我们才知道这张报纸的言辞与遭遇。

停版这事的来由是这样的：1911年4月8日，同盟会员温生才乘着华人飞行家冯如在广州试飞的热闹机缘，刺杀署理广州将军孚琦。此案审结极快，就在我写此文的九十九年前，4月14日，温生才被斩首于他持枪行刺的广州东门外。

《可报》的经理邹鲁以记者身份到现场观刑——后来人们才知道，他和《可报》同事朱执信、凌子云等人，都是同盟会员。温生才的死，让邹鲁悲愤莫名，从第二日起，连续刊发多篇报道与评论。这些文字，成为广东巡警道王秉恩勒令《可报》停版的主要理由。

巡警道的特谕写得很有意思，一反官府封报馆含糊其辞的惯例，逐条批驳《可报》的论述。比如《可报》评论《东门外之今昔观》一文用反语批评温生才“愚不可及”：“曾、左、胡、李何尝不是英雄？乃必步趋史、徐后尘，溅血东门，始为英雄乎？”史是史坚如，徐是徐锡麟，都是赫赫有名的革命志士。对此警道的批驳是：“温生才不过卑贱之役夫耳……暗杀之扰害治安，不得侪于国事犯之列。与史、徐尚不可同日而语……生前既无足称，身死亦不足惜，尚何英雄之可言？”

另一篇评论《温生才之短枪》写道：“嗟夫！天地荒晦，怨毒充盈，短枪之声，劈空而起……呜呼！大陆沈沈，戾气遍于六合，不图白云之陬，珠江之湄，竟有温生才之人，与其人之短枪出，于是温生才之名以存，而短枪亦偕其人以共垂不朽。”警道责问道：“似此凶人凶器，该报长言之不足，而咏叹之，表章揄扬，不遗余力，是何居心？”

《行刺将军之凶犯正法》这篇报道，尤触警道之怒，里面写道“记者游东门，见各新军过者，无不向之聚观，观此大有凭吊欷歔之慨，甚至有流涕者。记者伫立而观此情形，亦为之恻然”。警道质问说，该凶犯身伏国法，死有余辜，怎么会有过客“凭吊欷歔”？更何况是职在卫国的军人？而且，你们报的记者，居然对此情形，“为之悯恻”，“岂伤心人别有怀抱耶”？这已是在怀疑《可报》的政治立场了。

有记载的《可报》四篇报道评论中，唯有《咄！行政官竟敢蹂躏司法权》一文，警道未予任何评议。温生才之死刑命令，是由两广总督张鸣岐发出。二十世纪之前，这种做法毫无问题，但在清末立宪风潮的背景下，这一点却成了此案的软肋，广东警道完全不提此文，或许是这个原因。

警道特谕转而清算《可报》的另一篇短评《论卖国贼》，该文将“万世一系永永尊戴神圣尊严，不可侵犯之大清皇帝”称为最大的“卖国贼”，按说已是“大不敬”，尤胜章太炎的“载湉小丑，未辨菽麦”。奇怪的是，广东警道并不满足于这一从前属于“十恶不赦”的罪名，进而苦苦追究《论卖国贼》提及的“宁赠朋友，不与家奴”这句据说出自西太后的名言：“赠友不赠奴之语，出自何人，而敢据为典要？该报口不择言，一至于此。律以诋毁宫廷之罪，其将何辞？”特谕就此下了结论：“即是无心失检，偶触忌讳，而该报提倡不自爱国之说，足以耸人民愤激思乱之心，而直资乱党之口实，其贻祸不可胜言！”因此，以“诋毁宫廷，扰害公安”之名，命令《可报》“永远停版”。

警道特谕，给《可报》扣的帽子很大。但是，它对报馆设在广州的《可报》，仅限于封报，并没有抓人，这种处理方法，与八年前官厅对待《苏报》案已大相径庭。而且，接到这份特谕后，广州报界公会递送集议公呈，称《论卖国贼》“不外责难于君之意，似与诋毁宫廷有别”，而温生才案报道，也是“就事论事”，“亦不得谓为鼓吹暗杀，扰害公安”，“何至以此等文字，过事深求，使一般人民，或以官吏办理此事，过于操切，致生惶惑”。

公议如此，加之《可报》有广东省咨议局的背景，广东警道态度不免又软了几分。他们同意让《可报》复刊，条件是经理邹鲁需要递交一份“悔过书”。这已经是很宽大的条件了。不妨认为，在全国立宪自强的呼唤声中，广东当局也不得不表现出相对开明的姿态，声称“于言论机关，极力维持，藉以开通民智”，滥封报馆、戕害报人等手段的合法性已经丧失了。

不过，《可报》谢绝了报界公会的美意，拒绝悔过，宁愿让这份刚发行二十四天的报纸终结。我们这些后人知道为什么邹鲁如此强硬：《可报》4 月 23 日停刊，四天之后，黄花岗起义爆发，七十二烈士喋血羊城。

梁启超后来论及辛亥革命时说：推翻清廷，看上去是“红血革命”的功劳，而起事之前，报章鼓动人心，暴露黑暗，是所谓“黑血革命”（油墨色黑之喻），同样居功厥伟。仿佛为他的话做注脚，就在《可报》停刊半年多之后，武昌起义、南北交兵的消息传到岭南。不知是哪家报纸，率先发出了一条上海来电“京陷帝崩”。这条不折不扣的谣言，被粤、港两地报纸争相转载，全城欢声雷动，两广总督张鸣岐被逼出逃，广州就这样不流血地进入了中华民国——血早已流过，不单是温生才与黄花岗的红血，也有《可报》为此流下的“黑血”。

狱　中

现如今的世道真是不同了。像这位汪先生，意图刺杀皇上他爸爸，摄政王醇王爷！要搁早几年，凌迟，灭九族，都不为过。怪了！上面不但不杀这姓汪的，还好酒好菜地把他供着。外面都说醇王爷宽宏大量，我看哪，多半是醇王爷心虚，知道大清朝长久不了啦，不敢得罪这班革命党罢咧。

汪先生，您起了？坐，请坐。今儿个左右没什么事，我再给您说几桩这座刑部大狱里的事儿。也好给您解解闷。我在这儿也混了小三十年了，什么人没见过哇？王侯将相，达官贵人，是英雄是狗熊，一进这刑部大狱的门，就全看出来了。

您看见对面那几间房没？那就是戊戌那年关谭大人、刘大人、杨大人……他们六位的。那时候，谭大人最坐不住，整天在屋里走来走去，捡地上的煤渣，在墙上写字，写得满墙都是。说是诗，可惜我一个字也不认识。他们恭喜那天，有个司官抄了几行，听说外面很多人都在传。是罢？几位里，最可惜的是林旭林大人，长得模样忒好，跟大姑娘似的，死到临头，还成天笑微微的。那个康广仁就不成了，听说还是康有为的兄弟，一进来，哭声就没停过，老拿头撞墙，偏生又撞不死。

再早一点，左边第二间房，关过甲午年跟日本打仗打败了的叶志超叶大人，龚照屿龚大人。龚大人最有派头，一进来就赏每人五十两银子，之后陆陆续续，堂官，司官，牢头，还有我们，怕不一总花了上万的银子！火到猪头烂，钱到人情转，他在牢里，比您还享福呢。八个小老婆，轮流进牢里来侍候着，稍有冒犯，就是剥了裤子打！那段日子天天都听见牢里妇人号哭。嘿嘿，龚大人打姨太太，那可真是牢里面一景儿。

内务府总管大臣立山大人，据说是贪的钱太多，给抓进来的。进来后天天盼着外面救他出去，一个劲儿地打听消息。带着一百多叠金叶子，有人报一个信儿，就赏一片金叶子。那会儿兄弟们可肥了。最后还是挡不住要出红差（斩首），一听见这信儿，金叶子也没赏，当时从口袋里摸出一小块，听说那叫鹤顶红的东西，塞到嘴里。最后报信这位兄弟可就什么也没捞着。

最哏儿的是，咱们这儿的女监还关过大名鼎鼎的赛金花赛二爷呢！她关在这儿，好家伙，来看望的大小官员，就没断过。她不是嫁过苏州洪状元吗？有的大人是洪状元手上取的，一见到赛二爷，屈膝请安，口称师娘。我活这么大，没见过朝廷命官管婊子叫师娘的，哈哈……呦，提人的来了，大概是过堂……汪先生，您请……小的叫刘一鸣，您回来咱们再聊！

首 都

“建都的事情已经讨论了一个多月，还是没个结果。前天孙大炮，唔，现在还是临时大总统孙，向参议院递交的咨文说：政府地点设在南京，是各省代表所议定，不得更改。所以袁世凯要想当大总统，必须到南京来就职。”

“定都南京，甭说北边不同意，这帮老革命里就有人不同意！”

“谁说不是？也是前天，章太炎在《时报》上写文章啦，说什么迁都南京有五大害处，一旦袁氏南移，北方就会土崩瓦解。他还说，革命党在这个问题是争意气，是‘鄙夫倔强之谈’！”

“他说的也不是没有道理。而且老袁不肯离京，南方有什么法子？”

“听说有人提议，干脆让黄兴黄克强带兵北上，以迎袁为名，把北洋军收拾掉！”

“哼，就为这事，还闹出了一场风波。”

“哦？”

“党内第一个跳出来反对的就是宋渔父（宋教仁），他说亲自到北方看过，北洋军重兵把守直隶、山东，我军怎么可能北上？话音未落，‘啪’的一声，脸上就挨了个大嘴巴子！”

“是谁如此野蛮？哪位将军？”

“什么将军，广西才子马君武！他一巴掌打得宋渔父左眼流血不止，还大声骂他给袁世凯做说客，出卖南京。最后还是孙大总统当和事佬，让两人握手言和。不单如此，昨天参议院投票决定建都地点，二十八票，居然有二十票主张建都北京，投南京的只有五票。这事儿把黄克强惹火了，他叫来身为参议员的同盟会员，拍着桌子骂他们为袁世凯张目，声称：议会必须在今天12点翻案，不然他要派兵冲进参议院，把议员们统统抓起来！”

“这……这不是开了武力威胁议员的先河吗？”

“更糟糕的是，今天议会重新讨论此事，竟然以十九票对八票，决定临时政府仍设南京。”

“嗬……我以为此举不智。临时约法墨迹未干，革命党魁怎么能干出这种事情呢？黄克强不想想，你自己带头破坏议会独立性，将来议会还有什么威信可言？”

“说是要派蔡元培等为专使，去北京迎袁世凯南下。嘿，北京是人家的势力范围，老袁死不挪窝，你拿他有什么辙？折腾了半天，背个威胁议员的骂名，还不得让老袁在北京即位？”

“是喽！”

复　辟

1917年7月1日，因“府院之争”而率辫子军入京的张勋，悍然发动复辟，宣统帝溥仪于下午1时发出上谕。有小贩在叫卖载有《上谕》的报纸时高喊“卖文物”。第二天，北京停刊以示抗议的报纸达十四家之多。因此，在张勋复辟期间，北京只有一家大报继续出版，那就是接受日本外务省津贴的日资报纸《顺天时报》。《顺天时报》成为这场复辟闹剧的唯一媒体见证者。

《顺天时报》在7月1日，除第五版重印宣统上谕外，用了整个二版和七版报道复辟事件。二版的报道总标题为“宣统复辟　民国告终”，分标题如下：

清朝复辟之经过

张宅之秘密会议

张勋历访清皇族

昨日市内之情形

列国公使会议

李经羲之出京

张勋之东山遗风

得意之张勋

大总统直斥王士珍

昨晚传心殿之会议

除了关注政治人物的行踪,《顺天时报》独家记录了复辟当日北京的真实情形:

> 内外城商家于午后三时皆陆续高揭黄色龙旗,各路车站电报局等处皆有张勋之兵把守,地方秩序尚属安静,街上人民较常增多,盖多系瞧热闹者,其神色有欣然而喜者,有面带忧愁者,是日中央公园因系清室社稷坛,故将游览券亦停售矣。下午二时及四时,京奉路前门车站搭车赴津者顿形拥挤,尤以妇孺为最伙,盖多系各部司员之眷属云。但总统府内土山上尚揭挂五色国旗,而财政部参谋本部于下午仍有五色旗飘扬飞舞,其他各部于五色旗及黄龙旗均未揭挂。

整座城市并不像外地读者想象中的混乱,七版的"本京新闻"如《旗人欢喜若狂》、《戏园减售半价》,更让人意识到也许北京普通民众对国体变更并不如知识分子那样反感。这对于将革命的希望寄托于民众身上的启蒙知识分子来说,是一个颇为沉重的打击。难怪在身处其中的周作人笔下,那是一个如此平静而烦闷的夏日:

> 七月一日是星期日,因为是夏天,鲁迅起来得相当的早,预备往琉璃厂去。给我们做事的会馆长班的儿子进来说道,"外边都挂了龙旗了"。这并不是意外的事,但听到的时候大家感到了满身的不愉快。这感情没法子来形容……当时日记上没有什么记载,但是有一节云:"晚饮酒大醉,吃醉鱼干,铭伯先生所送也。"这里可以看出烦闷的情形。

winniej

winniej

对于周作人而言，因为亲身经历的缘故，张勋复辟的刺激比洪宪帝制还要大得多，除了对中国政治局势的失望，也包含着对麻木的民众的痛心，故而“深深感觉中国改革之尚未成功，有思想革命之必要”。(《知堂回想录》)

随着段祺瑞马厂誓师和反张军队的逼近，恐慌不可避免地降临古老的京城。《顺天时报》的“本京新闻”中充斥着复辟带来的社会生活的变化：年号改用宣统，公文也改题旧历，“中华门”的匾额撤下来换成“大清门”，这些都是意料中事。让人惊异的是正阳门火车站和东直门车站两日内竟收入七十余万元，“此事洵为火车设有以来未有之收入”；而因为要人纷纷出京，无人使用电话，电话局蒙受了巨大损失；店铺伙计的几句闲话召来了牢狱之祸，张勋的辫子兵横行街头，对稍有不敬的路人大打出手；民元以来低眉顺眼的旗人又开始趾高气扬；邮递暂停，商铺关门，火车停开，大批旅客滞留车站，金价暴涨，烟腊铺也随着食品供应紧张大发洋财，法国兵开出东交民巷保护教堂……《顺天时报》全面展示了复辟时期北京城的方方面面。

7月12日，反张军队攻入北京。《顺天时报》的新闻机动能力又得到一次发挥的机会。7月13日，该报用了四个版面来刊载“昨日战况见闻记”，分标题如下：

天坛方面之形势

正阳门与前门大街

空军之侦察

昨日外人之负伤者

段总司令来电之传闻

张勋竟惜命乎

昨日与战之军队

新华门外之糜烂情形

战后之南河沿一带

东局电话一时不通

北京医师会之美举

安定门内之匪患

一部分之禁阻

军警机关已改五色旗

昨日都门特别戒严

开战前之情形

开战前后之张宅

如此详细周密的战况报道，似乎应归功于《顺天时报》与日本情报部门的密切合作。而能够体现《顺天时报》战时舆论地位的，是7月14日第一师师长蔡成勋的来函，信中反驳了《申报》的报道，不承认第一师有与张勋军队同赴万庄的计划。同日的报道中，张勋的辫子军在天坛售卖他们抢来的零碎物件，准备开拔。各政府机关门前又换上了象征共和的五色旗，大清门匾再次被换下，复辟宣告终结。

为了直观地告诉读者复辟的一个侧面，《顺天时报》在7月15日的二版破例刊登了两张景物照（之前只有政治人物的相片）："化为焦土之张宅遗址"和"天坛张军幕营之真况"，作为张勋复辟新闻报道的余波，倒开了华文报纸用照相机报道国内新闻的先例。

“五四”

上过中学历史课的人，没有不对“五四”耳熟能详的。但我们记忆中的“五四”，是那个真实的“五四”吗？对此理应有所怀疑。因为历史教科书的功能之一，就是将原本偶然的事件说成必然，原本复杂的事情说得简单，原本多义的事物说出本质，终于将历史变成了一个“任人打扮的小姑娘”（胡适）。

天纵英明的同志除外，愚钝如我者，学完正统的历史书，印象中是连成了这样一条特别明晰的线索：新文化运动——五四运动——马克思主义的传播——中国共产党的成立。这条线当然也没错，但过于简单了。如果我们亲自来到历史的回音壁前仔细聆听，响起的将会是一片喧哗的声音。

我们必须记得，“五四”是北京大学等新式高校培养出来的现代知识分子第一次现场参与国家事务，是他们与政治的初恋。对于国内各个阶层来说，这种体验都是全新的，没有任何本国先例可循，而可资借鉴的外域经验又极为芜杂。比如北京大学为各校之首，所谓“罢不罢，看北大”，但北大的学生领袖如傅斯年、段锡朋却根本没有预料到五月四日会出现暴力行动，他们饱受英美自由主义影响，一心想让游行成为“有纪律的抗议”。所以当游行的人群受阻东交民巷，愤而向东北方的赵家楼进发时，身为游行总指挥的傅斯年第一个出来劝阻，后来又和其他学生领袖一道竭力维持秩序，直到来至赵家楼时，群众还没有真正失去控制，据外国报纸报道："学生们排着整齐的队伍来到曹汝霖的住宅，很配称作文明国家的学生。"（《字林西报周刊》1919年5月10日）用另一位北大领袖罗家伦的话说，这次游行的目的是在"唤醒民众"，而不是发动暴力革命。

然而并非每个学生都如傅斯年、罗家伦一样的想法。大多数学生是抱着一腔爱国热情加入游行队伍，没有多少具体的目标。正如北京大学陈平原教授指出的：如果不是五月四日那天天气炎热，游行学生又因为当天是星期天，无法向使馆递交说帖而心生愤懑的话，五四运动可能会是另外一个样子。

但是不应忽略另一些人。有他们的存在，五四运动恐怕很难和平收场。

早在头天晚上，北京高等师范学校匡互生、熊梦飞等几名学生就已经形成决议："大众都认为，血钟不响，民众是不能从酣梦中醒来对媚外的政府示威的"，于是决定"作一度流血大牺牲"。他们为此作了充分的准备，打听好了曹汝霖家的地址，派人到照相馆去认清曹、陆、章的相貌，据说有人带了煤油和火柴，他们还试图借一把手枪，摆明是要"伴大队游行至曹、章、陆等住宅的时候，实行大暴动"（匡互生《五四运动纪实》）。这一切准备和沙俄无政府主义者的行刺、晚清革命志士的暗杀是如此相似，不难看出其间的渊源。从结果看来，五四运动基本上是按他们设计的线索发展的。

当两股力量相遇时，场面就有点戏剧化了。据和匡互生一起参加五四运动的周为群回忆："学生群众走进曹宅，先要找卖国贼论理，遍找不到。匡互生遂取出预先携带的火柴，决定放火。事为段锡朋所发觉，阻止匡互生说：'我负不了责任！'匡互生毅然回答：'谁要你负责任！你也确实负不了责任。'结果仍旧放了火。"（《〈五四运动纪实〉附录》）这条材料不见得十分可靠，但其中传达的意义却耐人寻味。

等到五四运动真的爆发，三十二名学生被捕，历史的声响就更是嘈杂得几乎听不见谁在说什么了。其中蔡元培既要向政府要求释放学生，又在努力劝学生复课；段祺瑞向报纸表示同情学生，吴佩孚为学生向当局请命，内在动机则难讲得很；大总统徐世昌刚刚对曹汝霖、章宗祥等的辞职表示慰留，又不得不下令将他们免职；北京大学校长蔡元培、教育总长傅增湘先后出走，使混乱的局势更形混乱；最有意思的是“南海圣人”康有为，他发表通电，认为巴黎和会的失败和五四运动象征着民国“于民之所好则必恶之，民之所恶则必好之”，暗示还不如实行君主立宪……更不用说多少青年在运动中默默形成自己对人生、对社会的看法。以离运动中心较远的清华学校为例，高等科学生闻一多从此将“五四精神”作为了自己人生的指南，他后来和国民党决裂的开始，就是因为政府把青年节从5月4日改到了3月29日；而另一名高等科学生梁实秋则从清华学生焚烧挡路的汽车、捣毁章宗祥之子（那是他的舍友）床铺等举动中发现了“群众心理的可怕”，从而一生与激进的思想绝缘。

在这场轰轰烈烈的初恋中，将来影响中国历史进程的各种思想纷纷登场，向社会展露风姿。原来表现为“新”与“旧”的知识分子两大阵营出现了空前的分化，每一个人都拥抱着自己的理想，幻想着中国的明天。很难将这样的态势简单归结为“新民主主义革命的肇始”或“传统的断裂”，“五四”给予了各种各样的人以截然不同的思想滋养，给每种言论以互不干涉的自由空间。那是政治史上的混乱年头，思想史上的黄金时代，“是最好的年代，又是最坏的年代”（狄更斯）。正是在这种“众声喧哗”中，“五四”的意义才得以凸现。

最后引一条有趣的小资料，以为收束：

日本人冒充中国人

日前清华学校学生组织通俗演讲团巡游街市演说山东问题，旋有日本人假扮中国装，自称中国人，操京语，在哈达门一带当众演说，略谓青岛之不能交还，须怪英美两国不尽力帮忙，切莫怪日本，因日本为我们同种，而英美乃异种，不可亲异种而排斥同种也云云。识者笑之。(《晨报》1919 年 5 月 14 日)

我觉得其有趣在于:(1)怎么知道演讲者是日本人？难道中国人就不会有这样的想法吗？要知道，这就是后来许多汉奸降日的理论依据；(2)大庭广众中发这种谬论，居然只是“识者笑之”，而没有“暴力的革命”，“五四”比起后来的运动，毕竟还算是平和的。

汽　车

一位北大学生，黄昏时分，打北河沿走回沙滩。一辆汽车飞也似的从身边驰过，溅了他一裤泥水点子。

心里立即充满着焰腾腾的怒火，一直到宿舍仍未有半分减弱。一走进宿舍门，他就大声地对正在埋首伏案的两位同学嚷着：“坐汽车的人都该枪毙！”

这晚他们都没怎么睡，几个人从贫富的悬殊谈到阶级的分化，以及国家是如何被“汽车阶级”所败坏。隔日，咒骂汽车的人把这些思考和讨论的结果写成了一篇札记，发表在北大学生自办的一个刊物上。在文章里，他再次重复着那句充满怒气的话：“坐汽车的人都该枪毙！”

刊物的名字，叫《新潮》。文章作者的名字，叫傅斯年。

几个月后，由傅斯年任总指挥，北京几所高校的学生走向街头，走向东交民巷，走向赵家楼。五四运动爆发了，这之后的两三个月里，从来不堵车的北京城时时陷入因游行、讲演和警察逮捕学生引起的道路阻塞。大街上的汽车少了许多。

清华学校的学生离城远，没有能参加5月4日当天的行动，不过，他们很快参加到北京高校的罢课游行行列中，而且，比别的学校更激进，章宗祥的小儿子在清华读书，立即被驱逐出校，宿舍物品打得粉碎。

6月的一天，清华学生队伍游行到西单，与一辆汽车狭路相逢。那还是运动的初期，汽车的司机不识好歹，照以往的惯例，按动喇叭要求学生让路。

这个举动惹火了清华游行队伍。学生们商量着：

"我们把它掀翻了吧？"

"就是不知道里面坐的什么人。"老成持重一点的学生有些犹豫。

"管他什么人？这年头，坐汽车的有几个是好人？"有人想起了《新潮》里傅斯年的文章。

按照少数服从多数的民主原则，学生们发一声喊，那辆黑色的汽车立刻被掀翻在西单路旁的沟里。

这只是游行中的一个小插曲。队伍继续前进，不过，队伍中的一位清华学生目睹事件的全过程，不知为何，他开始对这次运动的意义产生了怀疑。回校后，他退出了"五四运动"。此人就是后来以散文名家的梁实秋。

三十年后，写文章骂汽车的傅斯年和目睹掀翻汽车的梁实秋都到了台湾。傅斯年创办了台湾大学，一年后猝死。梁实秋在台湾师范大学当教员，平平安安地活到了八十五岁。

穿　越

“你真是从2009年来的？”他坐在书桌前的圈椅里，一口多年了仍有些生硬的广东官话。

1919年巴黎近郊的秋色，正如主人所说，“天地肃杀之气，已是到处弥满”，院子里的秋海棠与野菊早已萎黄凋谢，远远的十几株百年合抱的大苦栗树，叶子也几将落尽，剩下几片也是在枝头挣命。照这样看来，全球气候的确在变暖——九十年后的此季在巴黎逛荡，阳光还暖暖宜人，入夜才能感受到塞纳河的冷。加上欧战之后，煤炭供应奇缺，这幢位于白鲁威的小楼还未生起壁炉，冷风一阵阵从窗缝中灌起来。我不禁打了个寒噤。

当然也是因为紧张，几乎不敢看主人炯炯的目光。他才四十七岁，正当盛年，而且二十多年前便已名满天下……卖糕的！我对面坐着一部活生生的近代史！

“是的，晚辈（太武侠了！）……学生（都差了三代了！）……我的的确确从2009年来……您看我身上这服饰，摇粒绒，牛仔裤……我是您的隔代粉丝……”真丢人，干嘛语无伦次啊，穿越小说看太少了……

主人似乎有些怀疑，有些激动，但毕竟是大家，很快平静下来，指指桌上一叠文稿：“那末，阁下知道启超正在撰写的，是何等文字吗？”

他这一问，我倒松弛下来了。“当然，您在写这四个多月的游欧感想，我来法国前刚刚当导游书又读过一遍……我不知道您起好书名没有，我读的书名为《欧游心影录》，收入《饮冰室合集》……”

主人的眼睛一下子睁大了，里面有惊喜交迸：“这么说，启超此书当能传世！……请你告诉我，书中议论，可有契于后事之处？”

我沉吟了片刻：“先生，据我看来，是书描写精当，说理透辟，且极富洞见，后学获益匪浅……不过，先生要有心理准备，此书于国内贩行，恐怕不太博时人青眼……”奇怪，跟梁任公说话，不自觉地就半文半白起来。

“哦？会是什么情形，请说说看。”

“六个月前，先生一纸电报，从巴黎飞往北京，引发偌大学潮，”主人脸上漾出一点儿得意的笑，“后来称为五四运动，不过，这不仅是反对《巴黎和约》的爱国风潮，新文化的主张亦借此铺扬渗发，至于全国。先生您知道，他们新派主张的是‘德先生’与‘赛先生’，您这书里，一面对英国巴力门议会制褒扬有加，一面却大谈‘欧洲物质文明的破产’，这个，于一班新潮人马，”我突然想起一句清末白话报上的话：“就有些不贪收了。”

“然启超非抱残守缺之辈，实因游欧多时，目击神伤，抒之于怀而已，”主人叹了口气，“国内新进，何不能谅我苦心！”

“岂止当时？我上大学时，先生此书仍是哲学课批判对象，老师每每引书中一段若‘我们可爱的青年啊！立正！开步走！大海对岸那边有好几万万人，愁着物质文明破产，哀哀欲绝地喊救命，等着你来超拔他哩’，以此证明守成主义之可笑莫名。”就是因为老师老批判，我对这段话印象最深，索性背了出来。

主人嘴张得老大，上下又打量我一番，似乎对我来自2009，又相信了几分。半晌才缓缓道：“先不谈启超的议论。阁下自未来到访，彼时民国果已强盛否？抑或积弱若故……世界文明日进，我数千年古国，当不至为外人奴役罢？”

这九十年的风云，叫我咋能几句话说得清楚？好在答案不会令主人失望。“先生不必担心，中国近三十年与世俱新，已俨然跻身强国之列。就在去年，还在北京举办了奥运，呃，就是世界最大的运动会，那情形，”我猛地想起读过的主人著作，“就像先生在《新中国未来记》开头所述，美国、英国、俄国、日本，都有领袖来贺，其余各国皆有头等钦差代表致敬。先生预言要在上海开的‘大博览会’，明年也确实要在上海召开，真个‘处处有演说坛，日日开讲论会，竟把偌大一个上海，连江北，连吴淞口，连崇明县，都变作博览会场了’，”说到此，从心里觉得任公实在神奇，“先生短短一篇小说，不但预言了创立民国的伟人叫黄克强（主人十分得意地一笑），连上海世博会都早已猜到，真是天才！举行时间，虽比先生猜想的1962年，晚了半个世纪，总算中国已步上富强之路，足以告慰先生了。”

“那末，彼时华夏社会，一切制度规划，尚有何等不足之处否？”主人听得入迷，不觉将柚木圈椅向我挪动了几步。

我咬了咬下唇，微喟道：“还是被先生说中了，国力虽日益强盛，国内贫富悬殊，且日渐加剧，本来的弱势群体如农民、农民工、下岗工人之外，这两年又添出‘蚁族’一说，大学毕业生收入既低，就业亦不易，怨望日生。先生是亲历者：前清为了变法图强，张之洞与袁世凯力主废科举，距今不过十四年，用意本善，惜无选举良法以代，反而阻滞了社会上下流通之路，人无上进之望，必生怨谤之心。此次五四风潮，以学生代议会，以罢工罢市促外交，后果若何，先生异日自知。即此难题，多少豪杰精英，摸索将近百年，仍久悬无方……先生，您在书中说欧洲当权者‘打着国家旗号谋私人利益’，以致工业国家皆分为‘资本国’和‘劳动国’，九十年后，科技一日千里，知识的积累超越过往所有时代的总和，但文明幸福，似乎仍让人有画饼之叹哪。”

哇啦哇啦说了一大堆，好生口渴，端起几上茶杯喝了一口，却是凉的，不免皱了皱眉。

主人很是抱歉：“煤不够了，除了吃饭时候，热水都是没有的。”

他笑了笑，站起来，转到书桌前，拿起几页手稿：“我此次欧游，印象最深便是英国的威士敏士达寺，从11世纪到20年前，一直添造，一直修补，各时代的款式合冶一炉，居然不感觉有半点儿矛盾。试问我们中国人，可曾有预备一百年后才造成的房子吗？阁下距我不过九十年，在将来的国史教科书上，也不过占上一页半页，算什么呢？着手国民运动，总要打定几代人方有小成的主意。这些话，都写在书里，听你说来，便是九十年后，启超的议论，倒还很不算过时哩！”

大　王

他们簇拥他进了花厅，头前有人一叠声喊“安席！安席！”旁边有声音杂乱地喊着“旅长！”“五爷！”他扭过头，看见他的弟兄们被让进了侧边的小客厅……

突然一只手摸上胸腰，厉喝，“干什么？！”话音刚散入空气，另一只手啪地拍在双眼上，世界霎时一片空白、只有呛人的石灰气飞迸、一只手将头往下一按、颈脖处一阵凉。

整个花厅的时间停滞了两三秒。当时间从惊骇中恢复，喝叱声，缴械声，怒骂声，翻倒声，打斗声……

这一切他都听不见了。头颅骨碌碌滚到一旁，又被放入备好的石灰盒中。头颅还年轻，虚岁才二十六。

关于这一时期的史书，大抵不会遗漏他。关于他的来龙去脉，却只有淡淡几道笔墨。

他家原本是小康，因为交游广，在乡里也还颇有势力。只是大哥不合去当了几年的粮子，回乡后总被当地军警说成“匪党”，无风三尺浪，有什么物事不曾勒掯到？于是七八顷良田折腾净尽。

大哥召集诸弟，撂下两条路：一、背井离乡外出谋生；二、拉杆子上山落草。二哥、三哥、四哥素来本分，第二日天麻麻亮便没了人影。

只有他跟着大哥，烧了房子，卖掉余产，招兵买马，硬挣挣地做了土匪。那一年他刚满二十。

年景不好，有想法的人多。这支杆子人多时，不下四千之众，打家劫舍，无所不为。官兵来时，少便死战，多便四散。大不了退回抱犊崮，那里地势原本险峻，队伍中多少山东老乡，刚从欧洲地界打完世界大战归国，精擅工事地道，战壕、蓄水池、防风洞，都不在话下。

瓦罐不离井口破，西集一战，大哥被官军打了黑枪。他成了大家的总司令。

1923 年 5 月 6 日凌晨 2 时 50 分，津浦路由浦口开往北京的二次特别快车，行至山东省临城、沙沟间，被土匪弄断铁轨，劫掠乘客，头等车厢主要乘客均为西方人，一人被毙，廿六人被掳上匪巢抱犊崮。

一夜之间，他的名字震惊了世界。

为什么要绑这起洋票？说法众多。很多人说是日本指使的，试图借此在中国挑起事端，证据是整节头等车厢居然没有一名日本人，当时日本人遍布中国各大商埠，难以想象一趟特别快车上居然没有日本乘客。另有消息透露，有几个日本人买了全程票，却在进入山东境内前下了车，仿佛知道前方有难；

而政府军透露，他们抓获了一名间谍，有充分证据显示，此次行动是段祺瑞的安福系策划，用意是败坏直系政府声名，引起国际纠纷；

而绑匪曾向谈判代表表示，他们不要钱，只是想谋求一个正式的名义，化匪为兵，脱离被官兵追剿的苦况。这大概是公众最不相信的一种理由。

难怪大家不信，这次土匪表现得实在不像“土匪”。他们先释放了人质中的妇女和儿童，接着他们准确地找到了人质中的新闻从业者——上海《密勒氏评论报》主编鲍威尔。土匪让鲍威尔负责与包围抱犊崮的政府军谈判，甚至允许这位美国人向上海的报纸寄发他的日记和信件。

土匪们的谈判条件也颇为稀奇，他们要枪、要军衣、要地盘，他们甚至要求撤换山东督军！连鲍威尔都说：“这太荒谬了！我不相信哪个政府会答应这样的条件！”

然而北京政府已经焦头烂额，临城劫案引起西方各国的极度愤怒，有人说中国军队既然无法解决土匪，不妨由各国联军“代剿”；有人甚至提出“共管中国”。北京政府面临着巴黎和会之后最大的外交危机。

包围抱犊崮的两旅政府军投鼠忌器，一筹莫展。外国武官团的到来视察简直是火上浇油。他们不仅耀武扬威，还仔细盘问政府军的实力、部署、工事、火力，让中国官兵备感屈辱。

讨价还价中，事情有了转机。也许是土匪们确已弹尽粮绝，也许是政府军的飞机不断在空中绕行，让他们觉得天险不险，也许是他们厌倦了提心吊胆的日子……绑匪接受了收编，释放所有人质。西方人的劫数历时三十七天。

在谈判过程中，绑匪时时表现出中国农民式的朴诚与狡猾。当鲍威尔第一次代表土匪前往政府军驻地时，他惊异地发现同行的一位少年居然是匪首的儿子——或许这是传统的“以子为质”的中国人取信于人的方式？而在谈判条约签字时，他们完全不信任政府方面，提出要总税务司安迪生签字作保——保证政府不会“杀降”，并要求县里士绅与上海总商会代表到场作证。

洋人们回到上海，他下了山，总司令变成了旅长。6个月后，被杀。洋人大官的签字并不总是有效的。

他没有留下只言片字，也没有任何一家报纸或记者采访过他，所以究竟为什么会有震惊中外的那场大劫案，似乎永远不会有标准答案。

二十年后，日本偷袭珍珠港，太平洋战争爆发。美国人鲍威尔在上海公共租界被日本人逮捕，关进提篮桥监狱。在那里面，他惊喜地发现了一位熟人——曾同被山东土匪绑架的一位英国人。两位难友伸出了手，紧紧握在一起。那一瞬间，二十年前的中国经历一定同时掠过他们的心间，——倾覆的列车，慌乱的人群，雨夜泥泞中的跋涉，匪窟中收到传教士送来的火腿与圣经，从山东回到上海时的万人空巷，信誓旦旦要保护侨民、严惩中国土匪的各国外交使团，赔着笑脸的中国官员与巨额赔偿……鲍威尔说，两个“山东土匪的前俘虏”同时喊出了一句话：

“我喜欢中国土匪，不喜欢日本无赖！”

这时，他，孙家老五，字明亮，大号美瑶，身首异处已有二十年。

援　外

民国十二年（1923）的日本大地震，离现在还不到十年，诸位想必还记得？那是9月2日的早上，我起得有些晏，人还未离床，已经隔窗听见外面报童的叫声：

“新闻！特大新闻！日本史上最大地震！日本大地震！《申报》……《新闻报》……”

我那时在上海的中国红十字会有兼职，一听此讯，知道我们紧张的时候到了！立即起身，匆匆洗漱，叫了辆黄包车，径直前往光启路的总办事处。

路上从报童手里摘了几份报纸看，才了解此次日本地震，非同小可，据估有里氏7.9级，也有说不止，还在八级以上。地震引发了海啸、火灾和泥石流，东京、神奈川、千叶、埼玉、静冈、山梨、茨城不为火域，即成泽国。

黄包车来到总会，我一路冲上楼去，正巧迎面碰到总办事处的理事长庄得之先生。庄先生一见我就说：“是次日本震灾，受困华侨学生不少，我们已经决定派出救护医队，过几日就出发。”我当即问：“是否要我收拾前往？”他摆摆手，说：“不必。此次我亲自带队，少带办事人员，可以多带药品病床帐篷一类物事。”

这是中国红十字会自1905年成立以来，头一次派出医护队援外。

9月6日，上海中国协济日灾义赈会成立，决议派出二十五人组成的救护队。北京总会也于是日来电，称总会也将组织救护队，刻日出发，并要求各埠分会，设法凑集款项，汇总到上海总办事处。

7日，各地分会的第一份复电来自南京，分会会长于恩绂称“时局艰难，劝募不易收效”，他个人先捐款一千元。

9月8日下午7点，救护队登上亚细亚皇后轮。救护队中除理事长庄得之、医务长牛惠霖外，还有五名医生（含女性一名），看护生十二名（含女性四名），日文顾问一人，会议一人，英文书记一人，差役四人。轮船于11点起航，直驶神户。

此前几天，我做的事主要是致电北京交通部，要求发给红十字会免费电照与免费车照，以便交流讯息与运送物资，获准。再就是致电上海护军使，要求神户中国领事馆帮救护队找寻寓所。他们回电说可以。

9月12日，救护队来电说，安抵神户，并已与神户中华会馆接上头。紧接着，第二天中华会馆来电，第一批中国难民六百二十八人，已乘熊野号出发，计划17日到沪，请求接待。两天后，他们又来电，由汇丰银行汇上银元三千一百四十元，请代为发放给难民，每人五元。

只有五天时间，整个义赈会都动员起来。通知各医院准备救护车病房，通报租界巡捕房要求协助维持秩序，通知工部局卫生处准备消疫。

17日，首批难民准时抵沪，停在三菱公司码头。除宁波同乡会、广东会馆、福建同乡会将本省同乡接走，还有在上海有亲友可投靠的外，其余人都由红十字会用汽车送到各招待处，路费也各自发放不表。

自此之后，载着中国难民的船只几乎无日无之，到10月18日为止，到沪灾民共计六千四百二十一人，另有男学生三百四十九人，女学生十六人。

我印象最深的是9月21日那天。上午，我跟着红十字会的病车前往汇山码头，接日光丸，上面有中国难民五十余人。医生仔细检查，没有生病的。下午，又跟着病车往汇山码头，接千岁丸，上有中国工人、商人、学生六百余人。学生中有云南人戴鸿猷患病，由病车送往北市医院。同船还有许多日本难民，其中有位妇人，在途中产下了一名男婴，她也由本会病车送往大东门外旅馆。

就在那天，收到在日救护队的庄得之先生拍来的电报。上面说，自救护队到日后，主持运送中国难民返国，现在东京的中国商人和学生还有两千五百余人，而日本船只缺乏，租借困难，而且地震后水道变更，船小风大，非常危险。希望总办事处速商招商局，派出该局吨位最大的图南、太古、怡和等轮船往横滨接送中国难民。

这封电报我不敢怠慢，立刻转发给招商局董事会，请他们“勉力调拨”。24 日，接到了招商局的复函。上面说，拯溺救难，不敢后人，只是局里航海轮不及二十艘，又正碰上秋冬百货旺盛之时，轮船本来就不敷使用，又如何能顾到营业外慈善之事？地震之初，本局董事会经过讨论，曾派出天津新铭轮往日本一行，以表寸心。局里很多人反对，说本局轮船吨位太小，日本水道变迁，派船太危险，董事会力排众议，但也只能将船派到神户，不敢开到横滨。新铭轮往返用时两周，去的时候运送救灾物资还好，回来的时候只有难民，没有货物压舱，下轻上重，幸亏没有遇到大风，不然后果不堪设想。

后面是一大篇账目：新铭轮往返两星期，计少收入一万五千两，多支出三千余两，载回的难民，又负责将他们免费运送回原籍。一进一出，损失又超过一万元。信的末尾说：“当此航业竞争时代，金融异常枯竭，虽此区区，尚不后人，然对于灾情，仅至杯水车薪。遂已筋疲力尽。”

总之是一句话，不能派船。

10 月 11 日，红十字会赴日救护队回到上海。负责人庄得之席不暇暖，立即赶到总办事处报告。

这次救护队在东京，共从事救护三星期。主要驻扎在东京赤十字社医院中，该院平日有病床四百五十具，地震后又增加了四百具。中国红会救护队负责其中四十床的医治，都是些火伤或压伤的重病人。此次在日，双方医护人员感情极为融洽，救护队6日离日时，赤十字社全体人员冒雨到车站送行。救护队没有用完的药品器具，约值五千元，都留给了赤十字社，还有一张四千元的支票，作为中国红十字会救护队的捐款。本队此行，共用款一万七千元。

庄理事长还说，目前留在东京的中国人，大概只有千把人，其中留学生三百余人，都是经过救护队联系劝说，自愿留在日本的。中国救护队的宗旨，首先是疗治、救运遇灾同胞，其次才是援助友邦，照目前情形，已完成在日任务，故此开拔回国。

救护队回来了，捐款仍未停止。各地分会仍有捐款汇至，不过连年水、旱、匪、兵，各地民众实在无力募捐，一般都是会长副会长自己掏腰包，多则十元，少则五元。毕竟中国各地也还在闹灾，援助日本，多少让一些人想不通，即使有万国红十字会向各国红会发出的号召。

洛宁分会的来信很含蓄地说，救济日灾，应当“首重吾华侨民”。新野分会就说得更直接，同人捐款五十三元，“此款不愿助赈日人，极愿助赈被难华人”。看到这些来信，真说不清心里是何滋味。

10月下旬的一天，一位红十字会的职员匆匆地拿着一本刊物走来，向我说：“这里有篇文章，盛先生一定还没有看到，我特为带来给您看看。”

那文章的题目叫做《东京》，作者开头就说，他多么惋惜自己没有在东京再待两年，以致坐失了这样千载难遇的机会，他回忆旅居东瀛时，“东京的火灾是怎样富有诗意”，“我可以这样说：假使我喜欢日本，那是因为我喜欢她的地震与火灾”。

接下来的话，大概是引起我的同事不安的缘故："至于我们的穷寒的政府居然像孤注一掷似的，把最后的一个铜板也拿了出来充账；与我们各界的名人一个个手持人道主义的旗帜，也一沐三握发，一食三吐哺，忙着筹荒，他们目的究竟在哪儿，虽非我这种愚昧的头脑所能想到……"这是一个对日本怀着仇恨的人。我翻到文首，看那作者的名字。

"成、仿、吾。成仿吾是谁？"

"谁知道？"同事耸耸肩，"左不过是上海滩的穷文人，安那其一流……"

我低头接着看下去，作者还在尽情想象地震的"诗意"，尽情描绘着：

"地震时的光景如像在我眼前。我们的不忠实的船儿，忽然作怪起来了。摇荡，倾斜，覆灭，警愕的叫喊，这是何等醉人心魄的活动影戏！狂奔，脱险，呆立，号哭，这又是何等催人沉醉的情景！我如适逢其盛，我定蹒跚而奔，教男人用白布缠头，提起木鞋飞跑，教女人卷起长袍，露着腿儿乱窜，于是我将自造一种解释，当他们在酣醉而轻歌妙舞；看花时节的猖狂，当能助我证明我的观察之不误。"

我又想起救护队对我讲述的东京的惨状，洛宁分会与新野分会的来信，那种难言的滋味又一次涌上心头。

11月28日午后六时，中国红十字会、上海总商会等十个团体，假座宁波同乡会，公宴日本来华道谢代表团。大家推举我代表众团体致词，因为我既是红十字会的副议长，又兼了中国协济日灾义赈会副会长。江炼白先生担任我的日语翻译。

我先客气了一番，再说道："今日鄙人得有一种感想，要想对日本国诸来宾说了，只恐言多失当，还请原谅。

"今日敝公团设筵公宴，实因诸代议士远道而来，尽一点地主的意思。若诸代议士提起谢赈来，敝公团万不敢当。我中日两国本兄弟之邦，休戚相关，日本大灾，敝公团往救亦应尽之义务。日本国人民推举代表来华道谢，是最亲爱的兄弟，反觉疏泛。是以鄙人以为不但无可谢，且亦不必谢！”

哗哗哗哗，满堂彩声。我看见庄理事长也微微颔首。但他们不知道，重要的话，在后面。

“今日的宴会，实中日两国人民结合的好机会。鄙人以为不可作为普通交际看待。盖中日两国人民，近来感情日形薄弱……”

有些人的瞳孔放大了，有些窃窃私语开始飘扬，还有人开始干咳。

“推其原因，一由于两国政府互相利用，私自缔约，不顾人民利害，哪知中国人民的智识程度，与以前大不相同，往往因我政府压制，发生对方误会。这是感情薄弱的一个原因。

“另一个原因，是两国人民性质微有不同。日本国人民，敦厚者固有，而精明者居多。凡权利所在，尽力竞争，往往不肯为中国人民稍留余地。各位想想，中国自海通以来，对实业之发展，商务之振兴，不知牺牲了多少精神，多少金钱！如果他们的利益，因为日本的竞争，不能保全，心何甘休？这两种感情薄弱的原因，两国人民，人人知之，但并未直接谈判。希望诸代议士回国后，将我的意见告陈日本国政府，将与中国政府缔约，应当先听取中国人民舆论。以前所缔的约定，如果有伤中国人民的主权，务请从速废除。并劝告日本国人民，凡对中国商业上关系，当推诚相见，互相扶助，幸勿因有利可图，不顾交谊……鄙人以为今日的宴会，于我中日两国有莫大关系，请诸位明锡教言，并祝诸代议士贵体健康，公毕回国，一路福星！”

我说完了我要说的话，会场静得有些可怕。但很快，哗哗的掌声从四周向我涌来。掌声中，日本代表团主席臼井哲夫起立答辞：

“此次我们前往，是以超政府超党派之代表日本国民的资格，纯为表达日本国民感谢中华民国赈济日灾之盛意。今日作为两国邦交之新纪元，两国国民之亲睦融洽，永久不渝，全无可疑。盛先生所述高见，与诸位之厚谊，我方将带回东京。中国诸君对于日本之希望若何，欲求其明了，今日实乃最好之机会。有一点要请诸位原谅，日本国的对外政策，已由国民自由确定，很难再实行旧式的对华积极政策。但说到互相尊重主权条约及国际信义，谋图两国永远之隆盛与幸福，日本的诚意与势力，绝不后于贵国。谢谢！”

那天可以称得上是宾主尽欢。可是我们才得知，在这场大地震中，四千名在日朝鲜人，几百名中国人，并非死于天灾，而是因为“日本社会受虐待的朝鲜人要趁震灾这一千载难逢的良机反击日本人”，以“针对不逞之举，保护罹灾者”的名义，死在了日本军队、警察和自发组织的日本民众之手！

而十年以来，国事日非，日方步步进逼，中国步步退让，大好河山，也许就快不是我们的了。

现在回想那日的宴会，慷慨激昂也好，温文雅礼也罢，都更像是一场笑话。

不过我可以告诉诸位，我从未后悔过民十二年的参与救灾。

车站

在城市学家笔下，飞机进入日常生活之前，火车站是城市中最大的“聚集不特定人群的特定场所”。一个人，或一些人，踏上月台，进入或离开这座城市。空间的位移却在时间的刻度表上留下痕迹，检索一趟趟发车和到站的纪录，仿佛在耳边呼啸而过的不是蒸汽车头，而是历史。

建于20世纪初的前门火车站，又称正阳门车站，东西车站分别连接京奉铁路和京汉铁路，自清末至1958年现北京站建成，这里一直是北京最大的火车站。乘客在这里进站、登车、下车、出站。从这里，人们可以北上奉天，东去济南、青岛，南下则可到天津、郑州、汉口，或往清江浦换乘沪宁线到上海。前门车站的枢纽地位是毋须多说的，如果说晚清和民国的政治是一转轮盘，这里就是一根标挺的轴心。

1905年9月24日，吴樾在此地行刺清廷派往欧洲考察宪政的五大臣，当场身殉。这是众所周知的历史。我查阅了当时的北京报纸，发现事前并没有留洋五大臣何时登车出发的讯息，如是，则吴樾如何确定行刺的时间？有史料记载，他与随同五大臣出洋的维新派杨笃生相熟，详细行程即由杨处得知。那么，前门火车站不是泄秘的源头。

1913年3月20日宋教仁在上海北火车站被刺，给凶手武士英的指令，由赵秉钧指使洪述祖发出，身居中南海的袁世凯知情与否，至今仍是一个谜。宋教仁北上之前，国会已经准备在前门火车站举行盛大的欢迎仪式，来迎接未来的国务总理。宋教仁的行期仍然不是秘密——知道他何时到京，也就知道了他会在何时离沪。

1928年6月，张作霖离京返奉。大元帅不愿意别人，尤其日本人知道他的行程，于是故布疑阵，先宣布1日启程，又改为2日，最后，他于4日凌晨1点15分才踏上开往奉天的专列。可惜，日本人的情报部门过于强大了，张作霖甫离前门，负责刺杀行动的河本大作就掌握了所有的出行情况，包括"3日晚发车的专列实为诱敌的'副车'"这种最高绝密。

几个小时后，张作霖被炸死在皇姑屯。张学良接掌东北，历史的车轮在中外震惊的目光中又一次转轨。

河本大作的情报来自张作霖侍从？奉系军队上层？还是前门车站的员工？不得而知，或许都有。车站在诡谲多变的政治风云中，已经变得脸色暧昧。

在《丁丁历险记》之《蓝莲花》中，丁丁来到上海调查，日本特务头子平野松城劝他回印度去，称丁丁的朋友土邦主需要他的帮助。丁丁疑惑地问平野："你怎么知道……"平野松城微笑着鞠了一躬说："对于一个真正的日本人来说，很少有事情是他不知道的。"

不知从何时起（起码是民元以后），日本外务省机关报《顺天时报》的第七版上，出现了一个小栏目："冠盖往来"，上面用小五号字标明每天有哪些政治要人经由前门车站进入北京，离开北京。其精细明白的程度，不亚于而今的狗仔队。

登载进出港口或车站要人的消息，外国报纸早有成例。然而这种做法的可行性前提是：乘车或乘船，是相对难得与奢侈的行为，每名乘客的姓名都将被交通部门登记在案。一旦取消"实名票制"，就算是日本人也没有那么大的神通。

当时的达官贵人，出行前一般会指使马弁副官之流，预先到车站订下头等车的包厢或座位。这就足以让报纸可以从车站处取得进出车站的要人名单。两三年后，《公言报》等中资报纸也同时每日刊登“冠盖往来”。五六年来，只在 1917 年 4 月 7 日，有一名“公府翊卫副使丹巴达尔齐”来函称，他日前并未由前门东站出京，而报载他已出京，请更正云云。

这些信息对普通读者用处不大，但对于新闻记者，却是把握政治风向与敏感事件的上好材料。以《京报》老板邵飘萍为首的名记者们，最喜欢在北京至天津的列车上游荡，希望能够完成意外的采访，被称为“碰新闻”。邵飘萍借此掌握了不少新闻素材，同时也通晓了车站的运作状况。当 1919 年 8 月，北洋政府封查《京报》捕捉编辑者时，邵飘萍化装成一名劳工，买了一张三等车票，悄悄逃往上海。这一次，连什么都知道的日本人的《顺天时报》上，也不曾记录他的行踪。

辑四　乙巳年

乙巳：即光绪卅一年（1905）。

回　望

我站在1905年——光绪三十一年——的开端。

按照我自己设定的“穿越”法则，我是从2009年回到1905年的。可是，我不能预知这一年将有多少重大事件会发生，我得把自个儿搁到那个点儿上，跟着历史的滚滚风尘，去感知一个“中等社会”成员的心态与情怀——我不是朝廷大员，也不是学界闻人，我只是一名生于南方、在北京生活了十多年的知识分子。我想象中的1905年的中国，来自精英杂志，来自大众报纸，也来自街市的流言。

我每日晨起，漱口，方便，洗净手脸，让家里的老妈子帮我打好辫子，穿上一统江山的棉袍，然后踱出大门，到胡同口的茶馆，叫一碗烂肉面，一笼包子，一壶龙井（我喝不惯双窨香片），听茶客们谈大天，讲段子，骂娘。

茶馆里新设了阅报处，有免费的七八种报纸，翻阅的人也不多。墙上贴着一位刘先生捐的《京话日报》，用京话做文章，易懂，早上总有些茶客围着念上几段，点评一番。我不去凑热闹，家里也订了！可是我爱听听茶客们说些什么。有时候《京话日报》上也会登出一篇茶馆里听来的言论，惹得我不时东张西望，看看有没有报馆的访员躲在哪个角落。

家里订了《京话日报》，也订了上海的几份报刊，都是按月给我寄，没敢订《申报》或《新闻报》，日报晚上三四天，没法儿看！《大公报》只差一天，有大事发生的时候，我也打发人上街去买一份，看看天津的动向。有时北京的事儿，倒是天津报纸论得清楚。

还有一份“本京”报纸《顺天时报》，大家都叫“洋报”，听说报馆是日本人的股份。这报纸虽是用中文办，主顾多是在京的日本、高丽侨民，报端印着西洋年号、大清年号，还有日本年号“明治”，一般不在街上卖，中国人也不买。

1904 年年末的杂志上，赫然有着《光绪三十年中国事纪》。正好看看，1905 年，是在怎样的一个环境下生长，承接着怎样的一份遗产。

光绪三十年。

日俄战争贯穿全年。**正月**，日俄正式在中国东北开战，很快朝廷就颁布了“中立条规”，划辽河以东为战区，俄国要求中国军队保护中东铁路，被奉天将军增祺拒绝。但战争的气氛不只在满洲弥漫。正月初四，日舰“秋津洲”驶入吴淞口，逼得俄舰“满洲号”离港，自此陆续有日舰驶向东海各港口，日俄战争有向南方蔓延之势。初五是各国公使觐见太后、皇上的日子，唯独俄国公使称病不至。

直隶总督袁世凯于**二月**上书，要求与俄国开战，朝廷不允，但俄国已经很紧张，诘问我国为什么派兵出关；袁世凯转而要求按照列国惯例，设立红十字会，救助东北难民，这次朝廷同意了，太后还捐了十万两银子。不知是不是受日俄战事的刺激，法、俄、英、比四国出使大臣联名奏请变法，以“激励人心，植立国本”。**七月**，日俄辽阳大战，俄军败退，这场战争胜负端倪已露。之前日本政府照会我国，称盖平、金州一带已被日军“夺还”，要求中国派兵接管——中国何来这个实力？不过空头人情。

更令人揪心的是西藏事件。**二月**，英国派兵突入西藏，杀藏人一千五百余名，占领江孜宗政府，西藏告急。**五月**，西藏地方政府与英军的谈判破裂，英军攻陷江孜，进军拉萨。**六月**，达赖十三世在俄国人策动下意欲经青海赴俄国，被驻库伦大臣劝阻，但七天后拉萨失陷。西藏事端最后以让人叹惋的方式结束，西藏地方政府与英军签订了《拉萨条约》，朝廷束手无策，还被俄国责问是否无力保护西藏。

三月，北京人的目光被一件"反腐案"吸引：御史蒋式瑆奏庆亲王奕劻授军机大臣以来，门庭若市，奢侈异常，其私产一百二十万两存于汇丰银行。蒋御史并非要求查办奕劻，而是希望朝廷命其将汇丰存款提出存入新设的户部银行。朝廷派员往汇丰查实存款，被汇丰以为客户保密为由拒绝，于是朝廷责怪蒋式瑆奏参不实，发回原衙门行走。

《苏报》案于**四月**由上海会审公所与上海知县审结，判处章炳麟监禁三年，邹容监禁两年，罪名有"侮辱元首"、"私藏军械"等等。舆论的哗然是可以想象的，以言论入罪，不是一个文明国的应有之例。或许与此有关，刑部在**五月**提出增设"罚款赎罪"的报律。**七月**，北京有了第一份"真正华资、真正京话"的报纸《京话日报》。

五月八日，朝廷解除了戊戌党禁，只有康有为、梁启超、孙文不予赦免，而一代帝师、前军机大臣翁同龢于是月二十日在常熟去世，这两件事似乎为戊戌之变画上了一个休止符。在**六月**照例的新进士授职之后，朝廷发出了另一件让人稍稍振奋的谕令：日后宗室、满蒙人员充当御史者，也须像汉人那样考试选取。

国事蜩螗，大多数人都由愤怒入于麻木，而地方的改良也不容乐观。**二月**广州全市罢市，据说是"拟行统捐"所致，但商部立新法的步伐并未受阻，他们奏设商标局，议行印花税，还聘请办厂有成的状元公张謇为商部头等顾问官。七月无锡地方官以办学堂为借口，向商家抽捐，引起公愤，民众捣毁学堂，举行罢市，地方教育事业大受窒滞。

北京人身边的生活一点点地变化。**八月**，广东人周荣曜呈请承办北京的电灯业，商部批了“议行”，或许光亮的夜晚已经不远。袁世凯积极得很，三天两头上奏折，他奏请鼓励京津地区铺设电话，电话材料免税，这个要求很快被批准——庚子一役，朝廷很吃了些消息不灵的苦头。**十月**，京津电话线架设成功。

光绪三十年，留给三十一年的未了之事还很多。乙巳年，还有什么将被改变、将被记取？

过　年

1905 年的新年过得可不一般。

顶顶重要的，是北京人头一回在过年时，有了本地的、华资的报纸可看，还是“京话”的。好多人都是看了《京话日报》，才知道“外国新年”原来只比咱们的年早一个来月！自打庚子以后，好多外国兵公然驻在东交民巷，年前个把月就会炸营似的骚扰京城好几天，原来是他们在过年！

《京话日报》做了一篇《敬贺各国新年并预告各国使馆卫队的长官》的演说，里面讲：

本报敬颂各邻邦朝廷的万岁，并敬贺各位钦差的大喜，更敬贺各国人来到我中国的，都平安吉利，可是有一层，不能不预先敬告，是什么事呢？到了新年佳节，各国使馆的卫队兵丁，必要放几天假，免不了喝醉酒，要往华界滋事，听说这几天，工巡局很为这件事为难，怕的是这几天内，洋兵喝醉了，要与华界商民闹事，倘若洋兵受了华人的亏，实与邦交上有碍，若是华人吃了洋兵的苦子，又与警察保护人民的责任，大有缺失。故此于前几天，已经传令各巡捕，到了这几天，如遇有洋兵喝醉，务必亟力地保护，别叫洋兵吃了中国人的亏，并阻止中国人，不可惹轻招重闹出事来，又传谕各住户铺户，到了这几天，必须早早关门，免得外国人酒醉入内。

《京话日报》主笔的意思是，一个巴掌拍不响，不能光叫中国人忍让，各国使馆卫队也得约束兵丁，你们可都是“文明大国”！

我很犯嘀咕：这么份创办没几个月的白话报，中国人看的都少，各国使馆能理会你？姑且算作不平之鸣吧，听个响儿。不想到西历元旦那天，《京话日报》在第四版登出了小半版的《西历元旦恭贺》，内容是“各国全权大臣使署阖署新喜　并贺　各国卫队官长兵士新喜　专贺　大美国教会何牧师新喜　大英国使署翻译官梅君新喜　大日本使署警部长竹木君新喜　大日本留学生藤井君新喜　本馆经理人彭诒孙顿首拜”，咦哩，这个姓彭的看来有点门道。

十天之后，《京话日报》登载了一封“民立崇实学堂同人”的来信，上面说，他们自西历元旦起就在观察，十天以来，“各兵均奉令守法，无一在华界闹事者，各洋酒馆饮酒兵丁亦不甚多”，深表对《京话日报》及各使馆兵官的谢意。

这真是新创报纸的得意之笔！他们干脆再接再厉，在离新年还有十来天的时候登出了《奉告各王公大臣左右留意》，大赞各国兵官“虚衷采纳”，现在中国年将近，“记得每年封印到开印的时候，那王公大臣的轿夫，都是仗着势力，任性胡为，见了卖吃的就要吃，见了卖喝的就要喝，高兴随便给几个钱，不高兴就不给，那做小买卖的，哪个敢得罪他，又张明较著的开赌，再不然就是闹戏馆砸下处，还有那喝醉了酒的，东闯西撞，更是无理可说了”，主笔劝这些轿夫们“大家积点儿德行，不要把轿夫的招牌给做倒了”。

这一回，可是泥牛入海，从一开年到元宵，九城的轿夫们就没消停过，打架，赌钱，抢戏子，放二踢脚差点儿把西四牌楼给点着了（也有人说其实是贝勒爷干的）。劝外国人比劝本国人容易，对吧？

《京话日报》对北京过新年的风俗多有不满，这里面有旧的，比如上至王公大臣大太监，下至旗丁汉民小百姓，人人都要去妙峰山、西山、碧云寺进香求佛；也有新的，比如学堂学生逛厂甸，专门去看人家妇女，跟车夫打架，今年比去年还多了几倍。主笔尤其不满的，是一到年关，人人着急，偏有两等人，“越到年底他越舒服”：一等是小孩子，不知世事，只知道盼新年吃好的穿好的；另一等呢，是“有权势的王公大臣，合那红军机红都老爷”，王公大臣、军机章京、都察院御史，都是各地方官员巴结的对象，年底的“炭敬”，那还能少了吗？“老先生们，便换下了公服，戴上了眼镜，姨太太一面装着烟，便一面躺在烟榻上，慢慢地一封封拆看，说这一个多，那一个少，说这一个，本没有什么交情，他却送这许多，实在难得，明年须想法子提拔他，说那一个，他的缺分狠苦，还这样的送我，实在难为他，明年须想法调剂他，又说那一个，是拜门的，他本来穷得要命，都是我尽力照应，给他写了信，才补这样好缺，现在都发财了，只送我这一点儿，实在可恶！这混账东西，得想法处置他”，作者一路写来，不禁颇有些悲愤，日俄战事正酣，却没有人替我们这个老大帝国着着急。

《京话日报》没说的话，上海《时报》替他说了。上海那地方不比北京，有洋人的租界，风气开化得很，比如北京的报纸，新年总要休刊七日，上海的报纸可照样出版。正月初四，《时报》开辟了一个“风俗谈”专栏，明确提出“我中国近日之当改革，亦不仅政治上之改革而已也”，因为政治由风俗酝酿而成，“但改良国政而不改良风俗，无益焉”，首先要改的就是这新年习俗，编者说，中国新年的弊端有二，一是“繁文”，二是“迷信”，什么送神、烧香、赌博、拜年、算命，种种宜忌，种种礼节，都无补于世，且虚耗财力。

不过，像“学新之士”主张的那样，尽废中国新年旧俗，《时报》也不赞成，因为“我人勤苦一年，此数日之快乐不可少也。我人疏阔一年，此数日之交际不可少也。我人静默一年，此数日之活动不可少也。唯当以有益之快乐，有味之交际，有思想之活动易之而已”。

为了证明这个论点，《时报》发表了十余篇各地年俗的记载，有些习俗，编者特意标明“可笑”、“恶风”，比如南京古寺很多，寺里驮着石碑的乌龟更多（实际那是赑屃，龙生九子之一，不过老百姓只认作大乌龟），南京人每年除夕，带着小孩子到石龟前，往石龟颈上系红绳一条，烧香点烛，祭拜一番，再将龟颈的红绳给孩子系上，称作“借寿”，也有向各府署门前石狮子借寿的。

河南汝州，自元旦至初五，大家小户的妇女，均艳妆坐在门外，将双足露出，供人参观、比较，脚越小越光荣。

还是南京风俗：长得矮的人，于除夕深宵，悄悄站在房门后，双手高举，向上跳起摸门楣，然后默默祝愿：“我比门头高，我比门头高。”跳三次，祝三次，来年据说可以增高二尺。

《时报》议论一出，各地报纸多有响应者，大家的意见虽多，但有一条一致同意：应当禁放鞭炮。记得大约在两年之后，官府也出了禁令，不准在通衢街市，燃放鞭炮。在大清朝的收梢时节，我们终于耳根清净了几年。

对　俄

雪白的锋刃划破凝结的寒气，砍了个空，余势不衰，向外直荡出去，斧头遇上肉与骨，一声钝响，一朵散漫的血花，人群的喊声顿然邈远，冬日的外滩码头陷入黑暗。

1904 年的日俄大海战，东乡平八郎打得俄国佬丢盔曳甲，俄国海军有艘铁甲巡洋舰，叫“亚斯古尔特号”，一气跑到上海港，要求中国当局庇护。上海衙门卸除了他们的军械，准其停在浦东，但规定舰上官兵不得随意离开浦东。可是俄国兵不听管束，上年十一月九日，两个俄国水手，一个叫亚齐夫，一个叫地亚克，在浦东喝得大醉，偷乘东洋车到了外滩，又不肯付车钱，与车夫争吵，追打车夫。船码头上散放着一些木匠工具，亚齐夫随手抄起一把斧头，胡乱挥舞，当场砍倒了一个过路人。

死的人叫周胜友，也有说叫周生有的，是宁波人，被砍得头壳破裂，送到仁济医院时就已气绝。两名俄国兵被巡捕绑送俄国总领事馆。

叵耐那俄国总领事阔雷明，竟然全无处置，将两人交回军舰了事。上海道袁树勋照会俄国总领事馆，要求交出凶犯审讯，阔雷明说是“事出意外，实属误伤”，拒绝答复。列位，他俄国巡洋舰来沪时，两国言明如果俄兵在滞留期间肇事，须交中国衙门审讯，如今居然拒不交人，真真岂有此理。

上海衙门还在交涉，这边厢恼了宁波帮。宁波人组成的“四明公所”，那在上海诸同乡会里是顶呱呱、一等一的团体。宁波人派出十名代表，与上海道台、俄国总领事馆以及“领袖领事”德国总领事克纳贝交涉。但俄国人和德国人都不同意中国方面提出的华俄会审，俄国总领事很快自行宣判：杀人的亚齐夫罚回俄国做四年苦工，地亚克免罪。

不只是宁波人，整个上海都被激怒了。在漫天的传单与哭喊声里，上海各省商董举行集会，一面电禀外务部、南洋大臣，要求据理力争，一面知会上海领袖领事、公共租界工部局与法租界公董局，声明“人心不平”，同时号召各界停用俄国钞票，以示抗议。

这件案子闹了两个月，开了年，还没平息。正月十日，我翻开《京话日报》，看见补记腊月廿八盛宣怀与阔雷明的交涉。那报上说道：

> 盛宫保当面争论了许久，要照监禁八年定罪。俄领事说，论起案情，监禁四年，罚做苦工，夺去自由的权利，实在办到极处，并不算轻。彼此再三驳辩，俄领事又答应了一层，除在上海监禁不算，等日俄战局完结，解回本国监禁，从做苦工的日子算起，扣足四年为止，并说夺去自由权，是把他的事业籍贯，一概革除，绝了他的生路，终身不能享丝毫利益。盛宫保关着无数宁波人的面子，还是不肯答应，要把全案文卷，咨送驻俄钦差，自俄外部力争，若不认我国是保护他们兵船的国，此案断不能了结。

如此说来，周胜友的命案，一是关乎宁波人的面子，二是关乎我大清国的面子，俄兵是战败之师，托庇我国，居然敢行凶伤人，确实让人隐忍不得。日俄在东北开战，中国人脸面丢尽，不是一天两天，这次借着一桩刑事案，当然要尽情发泄一通。只是俄国人在中国跋扈日久，不会轻易服软，只怕还要借机吵闹。

二月号的《东方杂志》转录了《时报》的一篇社论《论今日宜预

筹对待俄人之法》。社论说，俄总领事办周生有案，明显是在“故意抑压中国人”，然后向各国宣告，说中国不守中立条约，以此向上海衙门恫吓。作者经过多日观察，得出了一个骇人的结论。

做社论的这位先生说：俄国此次战败，很不甘心，于是打算转而挑衅中国，激起中俄战争——老子打不过日本，还打不过老大中国吗？待到战胜中国，就用中国的赔款赔偿日本的军费，再逼中国割地，来弥补他们在东北损失的旅顺！哦哟，俄国好生险毒，我们不能不早做筹谋。

如果俄国打中国，会从哪里开刀呢？一是福建，那里的海港如厦门、马江，足可以抵偿旅顺的损失；一是新疆，自左宗棠收复以来，俄国一天也没忘记那里。

作者承认，如果俄国攻击福建，以南北洋海军老朽的舰艇，如何防御俄军的炮舰，他想破头也想不出法子。但是新疆的陆战，却可以预为布置。

首先是要调查，各省巡抚将军都统，手下各有多少兵，当然，得是能打仗的。湖北、上海两处的军工厂，存有多少弹药；陕西、甘肃两处，有多少物资可运往西北；最大的问题是运输，当年左宗棠收复新疆，自凉州至安西，每运一百斤粮，粮价只二两银子，运费却要花九两多！因此必须调查清楚，自陕甘至新疆，哪里可以购买粮食布匹，哪里可以贮存物资。一旦开仗，军费……说到军费，文章流畅的论述突然打了个结。

作者回过头来，开始算账：中日甲午之战，中国向西方诸国借军费三千余万两，战败后，赔偿日本二万万两，又是向外国举债，后来赎还辽东，并补还威海卫驻兵费，又是五千万两，最倒霉的是，在这些杂七杂八的借款折来倒去的过程中，还有“不知用归何处者”四千余万两。

接下来，庚子义和团之役，赔各国兵费四万万五千万两。至此为止，中国借的外债数额，已达七万万七千万两。而这些外债的利息，更高达八万万八千四百万两！以每年还四千余万两计，中国要一直赔款赔到光绪六十六年，也就是西历1940年，才能还完。那，要是再开一战，又得筹多少款？借多少债？

在已经让他的读者陷入绝望的深渊之后，社论作者开出两单药方。头一单，如果非要打仗，也只能打，非筹款不可，也只能筹，但不筹款则已，如要向国民筹款，必须给国民“监督财政之权”。言下之意，谁还信得过政府？不让国民监督，就等着玩儿完吧。

二一单，俄国佬这些年贪得无厌，到处挑衅，威胁西方列强利益的地方倒也不少，如果我国善用外交，未尝不能以夷制夷。法国不必管，跟俄国正穿一条裤子呢，那英、德、美、日诸国，早就看老毛子不顺眼了，俄国要跟中国开仗，必然影响诸国在中国的商务。只要咱们善于利用外交，也许近能消福建之祸，远能解新疆之忧，起码，不用两边同时开战。

文章的结论是，要一面准备动手打，“筹急欲战之准备”，一面则大搞外交折冲，“筹不欲战之运动”。

这篇文章，让我的心打开年一直悬着，时时打听着有没有开仗的消息。又过了半个月，周胜友案，了结啦。俄国人又让了一步，判八年，从押返俄国之日起算，俄国承认中国是兵舰保护国，答应约束官兵，并给予周胜友家属抚恤金。

已经快出正月了，我突然有种想放鞭炮的冲动。可是……这不是本该的结果吗？何喜之有？

大门外熙熙攘攘，糖葫芦，鸟笼，热包子，有人往门外扔开败的“岁朝清供”，菊花，松枝，腊梅。不知不觉，王荆公的几句诗涌到心头：

愿为五陵轻薄儿，生当开元天宝中。斗鸡走狗过一生，天地兴亡两不知。

分 省

有时候烂书里也能看出道理。比如读《河南人惹谁了？》，就能从中看出中国人浓厚的省籍情结。作者住在北京已经很多年，但为河南辩护起来仍然满腔悲愤。

明清时，官员不得在本省做官。一个省的利益靠谁来维护？主要靠同乡的京官，尤其那些做翰林、都察院御史的。

清初只有江南省，后来才分拆为江苏安徽两个省。本来是全国数得上的大省，这下比云南贵州还小了。到了光绪三十一年（1905 年），朝廷居然颁旨，要再将江苏拆成两个省，以长江为界，北为江淮省，南是江苏省，江淮巡抚驻在清江浦。

朝野哗然。朝廷正在说要裁员简政，怎么又闹出这当子事来？江苏籍的官员、文士纷纷聚议，北京影响颇大的《京话日报》主编彭翼仲是江苏人，也用头版演说“含泪吁请”当局仔细考虑：江苏本来就不大，再一分，每省方圆不过四五百里，也要设巡抚、藩台、臬台这么一大堆官，老百姓怎么受得了？

以翰林学士恽毓鼎为首的苏籍京官联衔上书，力陈此议不可行。他们的理由，除了不利于朝廷裁员的初衷，容易引发外交纠纷，不利于两江总督节制，以及江南江北人可以换地做官，“不合祖制”等冠冕堂皇的说法外，有三点是关乎江苏实际的：（一）江南的物资、人力，很多仰给于江北，分省后输给非常不便；（二）江苏界内长江变成“两不管”的区域，不利于国防与航运管理；（三）江北每年有数十万人到江南谋生，江南的“滑头”本来就瞧不起“江北佬”，这样一来两地人民更为隔膜，极易激发民变。

毕竟已经是光绪末年，言路大开的时代，他们的鼓噪起了效果，江苏分省一事，朝廷居然收回成命，只是加设了一个江北提督算数。

江苏人当然要追查这件事的起因。说起来真是个笑话。原来江苏巡抚恩寿，在任上官声很不好，贪赃枉法，无所不为，被江苏籍的御史们参了好几本。朝廷没办法，只好调他去做漕运总督。本来这也是平调，算是维护旗人官员的面子。但是恩寿自己觉得太没面子，非要调一个巡抚，才叫好看。他在朝里有人，居然就出了这么个主意，要把江苏分成两个省，让他去做江淮的巡抚！这种馊主意，稍微有点见识的人没有不反对的，可是朝廷是满洲人当家，分！

宋朝的时候，范仲淹当枢密使，撤了很多贪官的职。有人对他说：“你罢了这个人的官，他们一家人都会哭的哦！”范仲淹说：“一家哭何如一路哭？”（宋代的省叫做“路”）想不到20世纪初，满清政府还会为了一个旗人的面子，甘心把一个大省划分为二。这样一个政府不亡，那真是没有天理了。

蹈　死

光绪三十一年（1905）十二月，留日学生陈天华在日本蹈海。消息传来，国内震动。京师大学堂在湖广会馆举行隆重公祭。北京一位黄姓市民，在骡马市讲报处听到这个消息，痛哭失声。这位不识字的纸厂老板专门赶到《京话日报》馆，买了一份当日报纸，要拿回去给伙计们看看，让他们也知道爱国合群的道理。

陈天华为什么死？因为日本政府要修改留学生条例，将清国留学生和韩国留学生“一体看待”，这对于甲午之败犹记在心的中国人来说，无疑是奇耻大辱。这场战争就是由于争夺对韩国的宗主权引起的，现在日本竟然要把我们当作属国一样看待！群情激昂，数千留日中国学生公共表决，停课，退学，回国。不到五天的工夫，已经有两千留学生回到国内。这下，国内的怒火也被点燃了。

最气人的，满清政府驻日本的钦差，居然同意了修改条例！这种做法几乎引起了留日学生暴动。对日本人的仇恨现在转向了腐败无能的政府。

有人说陈天华就是为了这个而自杀的。我看不是，政府昏聩，外人蛮横，我们可以斗争嘛。何必自杀？陈天华自杀的真正原因，是留学生中，竟然有八百多名，不同意表决意见，想自行复课。他们当然也有理由：这种交涉应该由朝廷去办，我们自己瞎起什么劲呀？陈天华之死，就是要警醒这帮昏蛋，让他们知晓民族大义。

报章报道完陈天华的壮烈，笔锋一转，突然提到了另外一位郑姓的留学生。报馆的主笔先生在叙事前面先发了一段议论，说人之死，有重如泰山，有轻于鸿毛，现在陈天华烈士的尸首从海里捞上来，还没有干透，就又死了一个留学生，此人之死，与陈天华烈士比起来，真是轻于鸿毛！

据报章说，郑同学在大家表决停课之后，为了得到日本教官的夸奖（他怎么知道的？），背着大家，一个人偷偷去上课。——出了这么个汉奸，日本教官有没有惊喜若狂，是否专门为他一个人授课，报纸上没说。不料课还没有上完，门突然开了，一群中国留学生一拥而入，将郑某乱刀砍死了。

主笔先生最后评论道：虽然大家的行为鲁莽，但这样的无耻小人，死不足惜。

隔了一天，报纸上发出更正，说郑某并没有死，只是被砍断了一条胳膊，送往医院后苏醒，应该还有救云云。

之后，就没有人再提起这个倒霉蛋了。

中国的礼教吃人，“五四”的先辈早就揭露得淋漓尽致。而爱国的志士杀人，进化开通的文明报纸也为之叫好不迭。既然可以用爱国的名义杀人，为什么不能以革命、公理、正义、自由……等等名义杀人呢？英国有个拒绝纳税的罗素，美国有个也拒绝纳税并拒服兵役的梭罗，如果他们生在中国，下场可想而知。

绝　交

光绪卅一年（1905），忽然平地一声雷，美国要禁止华工入境了！

早两年，美国为了修筑贯通东西大陆的铁路，在中国招募了数十万华工。这就是历史书上“每一根枕木下都躺着一个华人的尸体”说法的由来。当然不死的华人还很多。铁路修完，他们就打算扎根美国了。华人出了名的能吃苦，工钿又贱，洗衣做饭，抢了欧洲移民的饭碗，那有什么出奇？不料那些白人工会立即鼓噪起来，勒逼国会，修改条约，要禁止华工入境，已入境的华工也不能入美国籍。此事引发了国内各大城市的反美浪潮。东直门外一位老太太，本来患病要用美国电带医治，这下电带也不用了，声称要和华工同胞同甘苦，不上半月竟然去世。美国人家里的厨师、佣人、保姆、园丁，集体辞职，小轮船上的司机，也有好多因为拒用美孚汽油丢了差使。美国烟也没什么人买来抽，本是提倡国烟的好机会，可惜中国烟不争气，白白便宜了日本烟草商。

美国人欺侮咱们倒还罢了，最可气的是，老美南边那个巴掌大点儿个国家，黑西，不，墨西哥，它也跟着美国学，由议院提出禁止华工入境。中国人是有这脾性的，最忍不得小国家欺负咱。甲午年贸然开战，还不是因为对手是小日本吗？真是虎落平阳被犬欺，连小小的墨西哥也骑到咱们脖子上来啦！这消息是没传到国内去，不然一定也会掀起反墨西哥浪潮的。墨西哥有啥货物销中国？怎么没有！好多地方使的那种银元，上面有双头鹰图案，人称“鹰洋”的，那就是墨西哥来的！

墨西哥合众国国会的决议被扼杀在襁褓之中，多亏了我国驻美公使伍廷芳伍老博士。他老先生先是在美国国会痛斥那帮议员违背耶稣，违背华盛顿平等民主之遗教，又亲自坐船前往墨西哥都城，和墨政府大开谈判。

想不到墨西哥外交部的态度十分强硬。蕞尔小国，无礼如斯！伍博士被激怒了，一拍桌子：“下旗！回国！电中国政府，派兵船来，再和你们周旋！”外面候着的美国各大通讯社记者连忙打电报回国。第二天，这条消息上了各报头条，还配了伍博士发怒的照片，有的报纸画了一幅漫画：一艘中国巡洋舰乘风破浪，直驶墨西哥湾。

墨西哥政府想必被吓住了。他们请出了美国国务卿兰生做调停人，最后，伍博士大获全胜，墨西哥国会废除禁止华工入境的提案。

这条新闻可惜当时国内不知道，不然将何等地让国人自豪啊！我料大报主笔必浓圈批注曰：“不爱国者听者！汉奸听者！中华威加万里之外，复兴之日当不远矣！”

伍廷芳回到美国，普林斯顿中国留学生为他开了个欢迎会。会上有人问：“中国兵船在哪里？”答：“墨西哥政府完全不懂中国局势，我吓吓他们的。因为态度果断，所以他们相信。”问：“伍博士为什么敢毅然说绝交的话？”答：“我从华盛顿出发时，就已向美国国务卿兰生打好招呼，万一交涉决裂，请他出来调停。再说，绝了交，就不能复交么？”普林斯顿众学生叹服，称伍廷芳博士真是中国外交第一人。

救　灾

皮靴橐橐地响。杂乱的，由远及近。经过门口的时候，似乎迟缓了一下，终于还是踏了进来。

门开处，十几个日本官兵，为首的佩着中尉的肩章，留着威廉式的髭须，威严地扫视着房内的人，用低沉的、不纯熟的汉话喝道：

“你们的，护照的有？”

同行的人都紧张地看他。这个微胖的南方人，仔细看，额上和同伴们一样，也沁着细细的汗珠。但因为负着领导的责任，他比别的人要沉稳一些。

“要什么？”他一副没听懂的样子。

“护——照！”中尉戴着军用手套的手在空中比划着方块的证件。

他突然想到了答辞。“护照？没有！”

中尉的脸色变得有些难看，手无意识地从腰间的指挥刀上空掠过。

“我们如果到贵国去，当然要护照！现在去的是辽宁，是我们大清国自己的地方，要什么护照？！”他比日本人还要理直气壮。

中尉有些懵，转向身后的通译。通译赶紧哇啦哇啦，讲了一通。中尉明显怔了一下，想说什么，却又没说，突地一挥手：“开路！”

日本兵一拥而出。屋里的人一时都还反应不过来。他则慢慢地坐下来，摸索怀里的汗巾。“好险！”

他都不知道自己哪儿来的急智。

这一行人来自上海。为首的叫吴寿宽。他们是上海万国红十字会的特派会员，到东北帮助救济难民。

中国红十字会最初倡议于光绪三十年正月，当时的名称叫“东三省红十字普济善会”，发起人有沈敦和、施子英等，《告白》和《章程》刊于是年正月十七日（1904年3月3日）《申报》上。3月10日，沈敦和与著名传教士李提摩太出面，邀集中、英、法、德、美五国董事，讨论成立“上海万国红十字会”。

李提摩太当众宣讲本会成立缘由：新近东北爆发了俄日战争。开战前，日本派船前往旅顺、海参崴等处救出本国侨民及别国洋人。开战后，清政府也曾拟派船救出中国居民，但俄国人已经封闭各港口，不许别国船只驶进。由于清政府表示在日俄战争中“保持中立”，所以不便由官方派员交涉。唯有民间成立红十字会，用以拯救中外难民。李提摩太同时宣布，他日前电询当时避难于辽西牛庄的西方传教士们，能否协助救护，传教士已复电表示同意。

上海万国红十字会于是日成立。因为中国尚未加入日内瓦条约，所以暂时不能采用“中国红十字会”的名目，只能采用现名。红十字会事分两头：上海总会在海内外大举募捐，同时在牛庄成立分会，救助东北被难人员，总会并分批派出会员赴东北办理救难事务。

吴寿宽一行，就是较早派往东北的会员。

他们并不是没有想到护照的问题。阴历五月初四（6月17日），吴寿宽到京师外务部，请领中、日、俄三国护照。不料护照领下来，上面写明“持护照人照准在辽河以西行动”。

“这，这不行啊！”吴寿宽急了，“大人，‘辽河以西’能否改成‘辽河一带’？”

发照的部员倒还和气：吴大人（吴寿宽是个候补的知县），这句话是日本人注上去的，人家在辽东打仗，当然不能让咱们随便溜达对不?

吴寿宽跟他说不清楚，出门叫车，赶赴日本使馆，交阅护照，同时提出，能不能查阅护照底稿。日本使馆人员答应了。一看，只有“审核照准”字样，什么“辽河以西”，分明是外务部自己瞎添的！

“啘唏！”吴寿宽回到下处，拍着桌子叹息，“诸位，我算知道咱们国家外交为何老是失败，老是失败，这不怨人家，你们看看这事办的！他堂堂外务部司员，不会看地图不说，连东南西北都分不清！”

辽河以西，本来就是中立地，不归日本人管。辽河以东才是战区，红十字会宗旨是救护战地难民，不去战区，救个屁啊?

所以吴寿宽见到日本军人查验护照，只能说没有，要是拿出护照，马上就会被赶回辽河以西，还不如没护照呢。

吴寿宽的说辞见了效果，日后出关的红十字会会员，都这么说——“中国人到中国地盘，还用护照吗？”日本兵居然一一放行。

吴寿宽在日记里写道：到了辽东，才知道事情有多难办。首先，救灾物资运不进来，运进来也发不下去。

好在他认识了刘寿山。

刘寿山，山东人，在辽宁盖平（今盖州）开设商号，主要做俄国人生意。庚子年闹义和团，团民到了盖平，有人指控刘寿山是汉奸，他被抓进黑牢，不日处决。俄军打进辽东，把刘寿山放了出来，并派四名士兵保护他。俄军进城，奸抢三日，无恶不作，刘寿山带着保护他的俄兵，到处救护，保全了不少人的性命家业。后来，他找了俄军里的老相识军官，花钱通融，半夜，将数百名年轻妇女吊出盖平城。再后来，他又说通俄军在盖统帅，开城放出老弱民众数千人，盖平人称刘寿山为“刘菩萨”。日本人来了，又将刘寿山抓了起来，待得知晓他的声望后，立即开释，还委任他当了区长。

吴寿宽结识了此人，就一力委托他办理救济诸事。当时日军实行海禁，红十字会从关内发来的赈灾粮食，如果由营口车运，旱道一百八十余里，价钱昂贵不说，一时间哪里去筹措那么多大车？刘寿山帮吴寿宽向日军交涉再三，才获得允许，雇船运粮，从山东沿海岸运往辽东，不但快捷、省钱（“节省车价一万余串”），而且可以“沿海放粮”，救活了多少挤凑在海边，嗷嗷待哺的灾民。

吴寿宽又来到了辽阳分会，那里以前是俄军的战地医院，“后四进厢房收留受伤兵丁暨难民八九百人，瘟疫流行，朝发夕毙”，几名洋医生根本不敢到会，还劝吴寿宽等人迁避，可是能迁到哪儿去呢？不几日大雨滂沱，院中积水尺余，他们挖沟排水，水退之后，才发现水将院里浮土冲去，满院都是累累骷髅。

据这里以前的工人说，俄军战败后，把战死军人的尸身焚毁，头颅则埋在院子里，准备战后运回本国。现在被雨水冲开，臭气难闻，而且极易引发大疫，红十字会只好出面雇人，把这些头颅埋在城外的高坡上。

来东北之前，吴寿宽听说俄国把东北糟蹋得厉害，似乎日本人还“文明”一些。到了实地一看，完全不是这样。“日军不用帐篷，到处与民杂处，将老幼撵出，壮者留作苦工，奸淫妇女，无所不为，控诸司令部，亦不闻问”。而且，从前俄军购买食用等物，虽也有强抢赖账等行径，多少让当地人能有些薄利。日军一到，强令改用日本的“军用手票”，不准现洋通行，违反者立遭吊打，死者无数。辽东一带被榨逼得灯枯油尽。

这一来，物价飞涨，可想而知。吴寿宽经历过江南的战乱，但也没想到鸡蛋会要二角银洋一个！更没想到稻草会跟战前的绸缎一个价格！

会所在城东，离州署约三里远。吴寿宽为了节省经费，往来都是步行，这样每月大概可以节省一百两银子。可是辽阳的风气，官气奇重，不断有嘲笑与冷语传来，说他堂堂一个“特旨即用”的七品正堂，天天步行，官体何存？吴寿宽在日记里悲愤地写道：“余节省此款，可以多救几人，尔等不知感激，反而笑我，天良何在！遭此浩劫，诚不枉也。”

英国人魏诗伯德，负责万国红十字会在辽东的物资分配。他来到辽阳，找到开战以来一直驻此的本国同胞、医生白大夫，询问辽阳灾情。白大夫几个月都未曾下乡，仅仅听到教民的传说，就判断“辽阳无灾”。魏诗伯德又去问吴寿宽，吴说，日俄在此开战，已历数月，如果无灾，要红十字会做什么？他要求立即电告总会和各处，详告灾情。

白大夫听说此事，来到辽阳分会，大吵大闹：我已经在这里待了几个月，我难道不比你一个初来乍到的中国官员清楚灾情么？

一个说无灾，一个说灾重，魏诗伯德好生为难，不敢发电。

吴寿宽就说：红十字会会员有独立发电之权，本不必与外人相商，不过既然真相难明，魏先生可以下乡一查，便知虚实。

几天后，魏诗伯德返回辽阳，一见面就握住吴寿宽的手：“You are a good man！”

吴寿宽听了通译传话，微笑着道：“白大夫其实也是好人，只是他没有见到灾情罢了。”

魏诗伯德返回营口，即电营口和在天津的直隶总督袁世凯，称吴寿宽“办事结实”。

吴寿宽在辽东呆了十几个月，才回到关内。此次红十字会东北救灾，募款数十万，救运难民据说有数百万之多，令他十分感奋。不过，他郁闷地发现，即使在国人办的报刊上，也存在着对红十字会的诸多质疑。

比如，吴寿宽在辽期间，北京旨在“开官智”的启蒙报纸《中华报》发表头版评论《东三省救济问题与万国红十字会之关系》，称：“红十字会者，以救济负伤之战斗员为主，而推及于非战斗员，而战地难民救济问题，则专属于在战地之中立国人民，其宗旨本不同，其性质自各异。”而内地的绅商士民，“思想幼稚，漫不加察，浑二者而一之”，不管其中歧异区别，一概交给万国红十字会，而红十字会的主持者，也认为难民救济为其分内之义务，将捐款一律收纳，并不管自己“无其性质与其资格，而强冒其名”，评论者哀叹说“吾为三省灾民悲也”。

该报尤其质疑的是，国内绅商士民的捐款，合计有五十万两之多，还不包括皇太后拨发的内帑十万两，目的全是为了此次东三省战乱救济，而从红十字会的章程来看，他们只会用此款的三分之一或更少来救济难民，其他捐款将“留作会中公积金，以期本会实际发达”，评论者指出：这样不是与捐款者的本意不符吗？

而且，《中华报》根据东北各地的特约通信报道，指控说“红十字会各大人皆惮于车马，仅于冲要之城镇设局敷衍，东北僻乡有未知红十字善会之名者，亦可慨矣”。

吴寿宽觉得这种说法与自己的经历不符，而且，红十字会救运难民，发放物资，都有据可查呀！

可是，他确实不知道所有捐款的使用情况，也不知道东北其他地方的救灾情形。一年以来，同行者有怪他“官体不尊”的，有怪他“临渴掘井”的，还有人怀疑他侵吞公款的……他曾在日记里写：“诸君共事年余，尚不见谅，遑论其他哉！”办义赈数十年，确实没有比这次红十字会之役，更为冒险劬劳，更为无处诉苦的了。

回想起那次白大夫坚持说“辽阳无灾”的往事，他不禁深深叹了口气。

抵 货

哈达门（崇文门）外，有个小孩，名唤大善，也不过七八岁光景。他们家日子不咋地，靠他爹开个杂货铺挣嚼谷儿。孩子这两年大了，他爹说："得！挎个烟卷箱子，上大街卖去，不也能挣几个贴补吗？"这么着，大善每天挎着烟卷箱子（那是他爹年轻时候，没开杂货铺时挎过的）在南城一带晃悠。

这天走在街上，猛不丁看见前面聚了一大堆人。大善是小孩子，他好奇啊！挤啊挤啊，拿烟卷箱子开道："借光，借光，谁要烟卷？丁字的，品海的，孔雀的，云龙的……"挤进去一看，他愣住了，这么多人，他以为是耍把戏卖艺的呢，谁知道，"醉郭"！

"醉郭"在南城算是个名人。据说他原本是个教书先生，姓郭，名瑞，字云五。庚子年八国联军占了北京，朝廷没了，馆也歇了，郭先生伤心啊，整天往小酒馆里一坐，二两烧刀子下肚，就开始痛哭痛骂，骂洋人，骂朝廷，骂大臣，骂读书人，骂老团（义和拳），骂北京人……没有他不骂的。渐渐地被人唤作"醉郭"。两京回銮之后，他又添了一样毛病：每日下午，站在大街上讲雍正爷颁的《圣谕广训》！老人说，旧年有这一行，都是些老头儿，背着梆子在四乡讲圣谕，那是官府派的，你"醉郭"算哪一路呢？可他是在讲圣谕呵，巡街的也不敢管他。

后来"醉郭"也改了，不讲圣谕，改讲报。他讲的是北京城新出的《京话日报》。因为他有名啊，一开讲，老百姓都围上来听。办报的彭先生知道了，干脆聘他当了《京话日报》的讲报员。

关于讲报这事，听人说，朝廷里有不同的看法。袁中堂的意思是得禁，不能让商民当街宣讲，不然容易重演义和拳那一套。太后老佛爷倒是说了，中国的民气正有些活动，国家正当听其自便，不必干涉。总之，“醉郭”讲他的报，官府没查禁也没表彰。

可今天人咋这么多呢？

“醉郭”的声音已经有点儿哑了，花白胡子一动一动的：“列位！这次美国朝廷，他欺人太甚！当初他国内要修铁路，募了咱们多少华工？华工流血流汗把铁路修好了，美国反说华工抢了他们本国人的工作，制定了许多专对华工的禁约条款，从光绪廿一年到如今，已有十年了！他们不许华工自由居留，不许华工自由工作，动不动就是拘捕、检疫、殴打，关起来不给吃，不给喝……现时美国的华工禁约就要到期，当地华工一致要求废约，我大清使臣也要求废约，但是，美国的巴力门，就是国会，再三不理会，还要续约……这一来，咱们的华工兄弟在美国就得继续过水深火热的日子！

“列位！这次南省发动反对禁约，抵制美货，咱们京师百姓，就在天子脚下，《京话日报》上说咧，有了这点爱群的心，团体可就结起来了，大家齐心不买美国货，拿定主意，不改条约不拉倒，也未必争不过来！”

“醉郭”的手在空中用力地挥了一下，周围听讲的一片彩声。

“具体的法子，《京话日报》上也说得很明白，我跟大伙儿念念：头一条，我们中国商人，不许再买美国人的货物！这一条最是要紧，大家都记着！

“二一条，美国货物进口，脚行不给他起卸，栈房不给他存放，行家不替他出卖。三一条，美国人的轮船帆船，中国人不搭坐，也不装货。四一条，中国人就美国人的事，上至洋行的买办，下至厨子和马夫，一律告退，瓦木匠裁缝等等，也不许再给美国人做活。五一条，美国人开的学堂，中国学生一齐散学。中国当教习的也要告辞。最后一条，美国银行的钞票，中国市面上，都不准再收用。有银钱存在美国银行的，都一概提回。

“这些要都能做到了，美国绝受不了，华工禁约废除才能有望……”

大善不听了，他挤出人群，昏头昏脑地往家走。“醉郭”是好人，这个没问题，有时街上遇到，他还教过大善认字哩。而且，人家说的，那叫一个在理，咱们自家人出去受了欺侮，咱们能不帮吗？不买美国货，大善举双手赞成，可是……

他低头看看自己的烟卷箱子，丁字烟，品海烟，孔雀烟……不都是美国来的吗？这些，是不是都不该卖？

大善低着头走，一边轻轻用手把面上的丁字烟，品海烟，孔雀烟……翻到底下去，那，就只剩下日本的云龙烟了……日本就日本吧，不是美国烟就成！

“小孩！”路边有人叫他。“来包烟！”“欸！”大善一溜小跑过去了。

“什么牌子的？先生！”

“不要美国牌子！咱不能招街坊邻居戳脊梁子……还有啥？就云龙了？那……那就来一盒吧。其实我老抽品海的……你说，啥时候咱们中国也有自己的卷烟卖呢？”

大善回答不出来。那人笑了笑，摸摸大善的头，撂下钱走了。

大善叹口气，又把头低下来。可不是？要是烟卷箱子里都是中国烟，大善该多么理直气壮啊！

当的一声锣响，把大善吓了好大一跳。抬头看，前面过来一列游行的队伍，还呜哩哇啦地吹起了喇叭。当头好几个人，抬着一块一人多高的大牌子，上面画的是……看清楚画上的内容，大善的脸一直红到了耳根子。

那大牌子上画个老鼋，嘴里含着孔雀烟丁字烟，左边前爪，抓着林文烟香水瓶，右边前爪托着一本书，封面上写着“中国现今大势论”，后边两只爪，登着美孚煤油箱，自足自美，得意洋洋，煤油箱底下，压着受罪的华工，蓬头垢面，七窍流血……大善不知道《中国现今大势论》是什么东西，谁写的，可是这画面一看就明白，他赶紧往街边胡同里一蹿，怕扛牌子的人看见自己手里的烟卷箱子。

胡同口正好有俩人在看热闹，一面发着感慨：

“二哥！如今民智真是开了！您看反华工禁约，闹得北京九城哪哪儿都是大动静！”

“敢情！您听说了没？昨儿大栅栏有学生演说，教大家拒买美货，当场啸聚了好几十人，挨家铺子搜，搜出来就砸，还真是三家大铺子落在他们手里，喝，那一个乱哟！我正好去看我老姨，眼瞅得真真儿的！”

“官面上不管吗？”

“也得敢哪？那阵仗，谁敢出来说半个不字，好，你向着美国人！谁受得了哇？这三家铺子，都认栽啦！当时不敢言声，今天，今天的报纸您看了没？登了告白，道歉！还捐了四十元的国民捐，那意思咱也是爱国的，误会，纯属误会……”

“您别说，二哥，真有狠的。我们前院有一寡妇老太太，也不知是得了什么痨病来着，人家都说，买条美国产的电带，兴许有治，她呢，一听说，美国的，不要！人家华工那么受罪，我要这条老命干嘛？过了两天，死了！这怎么话儿说的？”

“有比这狠的！我就纳了闷啦，哪回咱们反洋鬼子，都是连二毛子教民一块儿反吧？他们老站那边呀！这次不，教民也反美啦，还是美国教会的呢。他们说了，我入了美国教，可我是中国人！北堂那么多教民，全把家里藏的美国烟、美国油，一把火烧啦！”

“陆达夫，陆三！认识不？永和煤油行的那个采买……”

“嗯，他在美国教？”

“他倒不在教，可他们行一直是美孚煤油的老主顾。这不，前两天刚进了一批，马上被行里同事、工友发现了，人人指着鼻子骂他是卖国贼！今天我一打听，您猜怎么着？辞职了！其实陆三人不坏，就是好贪个便宜……”

“美国货便宜也不能买！报上说了，错非是他们白送，咱们就要，哼，不废约，一个大子儿也别想从中国拿走！”

大善回家了。

第二天，大善说什么也不肯上街去卖烟卷。他爹说他不懂事，把他臭揍了一顿。扛大牌子的队伍还在九城游行，下午经过大善家门前，看见这孩子眼泪汪汪地，坐在门墩子上。

募　捐

一、一篇演说引发国民捐

清末，由北京的《京话日报》发起，北方地区出现了一次声势浩大的“国民捐运动”。

这次运动是由《京话日报》的一位热心读者王子贞发起的。王子贞是一名基督教徒，在城内开了一家尚友照相馆。北京第一家华资日报《京话日报》于1904年8月创办之后，他就屡屡向报纸投稿，并出资成立了“尚友讲报处”，免费张贴报纸供行人阅读，并义务为不识字的市民“讲报”。

王子贞的“讲报”，并不是完全照报上的论说或新闻宣讲，有时他也会发挥一下，讲些个人的意见。据《京话日报》主人彭翼仲的姻侄梁漱溟说，王子贞在《京话日报》上看到过一些话，说庚子赔款为数太巨，莫如由全国四万万同胞一次凑齐还清。王子贞觉得这话很有道理，就自己发挥了一下，写成一篇“演说”，请《京话日报》主人彭翼仲阅正修改。彭翼仲帮他梳理了文字，以王、彭二人合稿的名义，发表在1905年9月2日的《京话日报》上。

这篇演说是用“京话”，也就是旗人的口头语写的。讲稿大意是说：庚子赔款言明四亿五千万两，分年偿付，一直要到光绪六十几年才能还完，连利息一起，就是九亿两。这是中国百姓的沉重负担。现在东亦加捐，西亦加捐，各项加捐，要皆为此。为了抽捐，设局所，派员役，薪水工饭开支而外，还不免若干中饱，末后民间所出的恐怕一百亿两不止。民间负担不了，难免抗捐。官说“土匪抗捐”，民说“官逼民反”。前途痛苦，不堪讽刺。何如全国是四亿人齐心合力，赶快一次自动地凑出来，救国救民即以自救。

这篇演说首先告诉听众，偿还庚子赔款是每一个中国人的事情，不可能完全依靠朝廷：

> 诸位必说了，这是朝廷立的约，一定该朝廷还，可不与百姓相干，你不想想，金銮殿上，不能出金矿，大臣们不会点石成金，别再糊涂了，百姓闯的祸，还得百姓还。又一位也说了，我也没有练过拳，为什么该我还呢？自己问问自己，是中国人不是？必不能说不是罢？既是中国人，就得还国债，什么原故呢？同国人叫作同胞，都是黄帝的子孙，……你虽没有当过拳匪，亦不能不算中国人，身上总背着二十多年的国债，不但阁下本身，连你的子孙，也都免不了。……可怜中国人没思想，向不知国与家的关系，若教他拿钱还国债，你猜怎么着？那可算是白说了，大约比登天还难。

接着，演说者介绍了以“国民捐”偿还赔款的方式：“中国不是有四万万国人么？按着人头儿一数，每人只摊一两来的银子，现在要还国债，每人每均摊，几天的工夫，就差不多了。……诸位请想，吃喝穿戴，哪样不比从先贵一倍，就拿平人而论，一年的捐项，在暗里抽收，就比明摊一两银子多了几倍，何况到三十多年呢？”演说者表达的意思是，与其让朝廷借还款名义征收苛捐杂税，还不如由国民捐款，更符合底层民众的利益。最后，演说者用法国和日本国民集资还款的事实来激励听众："四十年前，法国被德国打败，法赔德国兵费十二万万元，不上三个月工夫，民间把款凑齐，立刻还清了国债，法国的妇女，都肯典衣裳卖首饰，一概充了公。日俄开仗，日本妓女，亦要帮助军费，请看东西各国，民跟国绝不能分家，所以才这样强盛……一样的五官四肢，虽说跟不上法国人，还跟不上日本娼妓吗？"

二、"第一等国民"纷纷捐款

这篇稿子登出来后，不想马上就有太医院院判张仲元投函说自己首先捐银二百两，并催促速订章程，早日实行。随后捐款函件纷纷飞来，有个人，也有集体（如北京消防队全体官兵），不出五天时间，认捐数字已达七百多两。于是彭翼仲和王子贞就将此事认真地做了起来。捐款总经收处设在户部银行（后改大清银行），银行将收到的捐款即期生息，并声明如国家将来不用，便本息一并发还。

《京话日报》每日辟出一定版面，刊载各方认捐的姓名和金额，并在报头大书"国民义务"四个字。由于认捐人数众多，五十天后，《京话日报》干脆另外加印附张，专登姓名金额，随报附送。

"国民捐"启动之后，达官贵人自捐和出面提倡的例子很多，据梁漱溟后来记录，如"以庆亲王为首的五位军机大臣就都捐了；管理内务府大臣世续下堂谕于内务府三旗来提倡；学部尚书荣庆独捐一万两；吉林达将军自捐一万两，还募集了四万多元；广东岑制台、河南陈抚台各捐一万两。北京的佛教八大寺庙出头号召全体僧徒开会认捐，而直隶（今河北省）同乡京官则集合在松筠庵会商认捐及向全省劝捐事宜。如此之类，不必悉数"。

载于《京话日报》而属于梁漱溟"不必悉数"的，还包括吏部下令"公费节余一律归入国民捐"，黑龙江省呼兰府知府李鸿桂、木兰县知县辛天成等都在当地热心提倡国民捐，直隶省霸州知州钱亮臣来函，说“本来怕官身子不便劝捐，又一想，我虽是官，我也是四万万国民中的一个人，就找出几个热心绅士，天天对他们讲报上的演说，一个多月，村子报名上捐的，很是不少”。

中下层社会民众踊跃报捐的例子就更多了。《京话日报》常常登出“寡妇认捐”、“乞丐劝捐”一类的新闻，几乎每天都有。

荆州驻防中学堂一位“十二三岁的小学生”，自己没有钱，就去劝更夫、斋夫捐钱，谈了好几次，终于说服四名“下人”合捐了五百钱，这件事感动了中学堂的提调（校长），不仅也捐款五十块银元，还投稿表扬小学生的热心；

玉成班开演新戏《惠兴女士殉学》，每座加收五百文钱，报效国民捐，当日出演的“角儿”们，分别捐二十元到五十元不等，市民来稿表扬说“梨园的人也渐渐明白事了”；

东直门内一位说书人海文泉，听了讲报，“情愿白说半个月，所进钱全报效国民捐”，而且他不再说迷信的《济公传》，而是说“改良外国小说”，“借此开通民智，一举两得”；

济南、奉天的教会都开始办捐，只是改名叫“平安捐”，并声明不收外国人的钱财；

让人意想不到的是，直隶涿州有三十一名在监囚犯投函认捐，而影响最远的例子，是南洋群岛华侨也集体签名来信，愿意为偿还庚子赔款出一分力。

…………

有市民投书《京话日报》，说“要再能集此巨款，把国债还清了，结个大团体，真可以震动全球，立时就能公认为第一等国民，飞升为第一等强国”。自豪之情，溢于言表。

不过，彭翼仲的儿女亲家梁济（梁漱溟父亲）在一篇来稿中表达了自己的忧虑之情：“你别当是京城的人开通了，不信服你这报的多着呢，您也别因为人不信服，就说激烈的话，还是好好的对付。”（《我也要捐点银子》）

三、“不信服”的声音

“不信服”是自上而下的，《京话日报》的访员（记者）在一篇报道《以手代口》中，记下了他在北京茶馆听到的反对之声：

“这就是上回洋报的主意，就有许多无头蒙跟着起哄，没贵没贱，全给户部银行送钱，不管他们谁是谁非，哥哥我可绝不上当！”

“据我看这国民捐呀，也不过冤小孩儿罢咧！”

一位半老的旗员（满洲官员）说：“大家都要露露脖梗儿，我也得跟着随喜，捐了二两银子……我本想多捐几两，听说王爷中堂，也有少捐的，这事并不勒派，似乎我这四品穷官，二两银子，也不算少……”

正说着，走进一位老者，看他的形象是：“上穿件石青毡子马褂，还是珍珠毛的凤毛，左手提笼，右手架鸟。”他一走进来，就冲着刚才那位旗员说：“你有这二两银子，为什么便宜鬼子呀？这回什么国民捐，可是咱们都统的主意吗？本是洋报出的坏，就是为着洋人，你我不是二毛子，真就给他们指使吗？”

在另一篇报道《过耳传言》中，访员绘声绘色地叙述了一家满洲贵人内院传出的谈话。男主人先是说：“这都是给洋鬼子支使的，这种专专跟我们作官的反对，好几百两，好几千两，拿出来上捐，将来准有什么保案吗？这样赔本儿的买卖，叫我上当可不行！”

夫人劝他说：“不论高低贵贱，人人争着出头报捐，咱们也当打算打算呀。”这句话激怒了老爷，他大声地吼道：“谁敢叫我报效国民捐？我可比不了他们，我不是说书唱戏的，我不是卖菜卖烟的，我也比不起堂名儿妓女们，人家都是忠心赤胆，懂得作好人，我就剩这点子家产，挣的是百姓的钱，叫我捐给皇上家，那可不能，我连今年妙峰山的愿心，都没舍得去还，倒叫我报效洋鬼子吗？”

对于这种公然反对国民捐的言论，连那家的包衣（家奴）都看不过眼，背地里抱怨说：“怎么不想想他自己呢？也作到二品大员，他们祖代传留，不止吃了国家一辈子啦，一个个高官厚禄，谁又对得过皇上家呀？”家奴们说，这种没良心的想法，连他们这些“跟主儿的”都不如。

夫人拗不过老爷，只好把自己的首饰折卖了四十多两银子，打发下人送到银行里去，还不敢报自己的名字，只是为了“替儿孙积点儿阴德”。

另外的打击来自西方人和中国的南方人。一份投稿说“我认识几个外国朋友，每逢谈起话来，他们就问道：国民捐办得怎么样了？不容我回答，跟着他又说，贵国的国民，你想都明白了吗？”对此投稿者只能“苦笑摇头”。而“江南朋友”说南边都知道国民捐的事，“只怕照着现在的办法，还不行啵”。他们的理由是“中国所欠外债，庚子那场大祸，可是没有南方人的事，大众跟着受冤枉罪……今天再叫人家倾家荡产，拼出命来认捐，真正的罪魁祸首，反而逍遥事外，若照着宪法说，实在没有这样的道理罢。”《京话日报》的社论无奈地说：“日后人家真要来瓜分，绝不跟咱们分南北”，希望能唤起江南人的国族意识，努力认捐。

至于中下层社会，最大的问题是“谣言”。《京话日报》上记载了许多类似这样的话：

“听别人告诉我，国民捐的事，就是叫大家认捐，户部银行，专管这当子事，王公大臣，已经都认过捐，家家户户，都得按着人头去报捐，将来挨户严查，如有漏捐的，就要罚办，我本没有钱，听见这个话，又不能不信，果真来查，到那时节，罚呀，办呀，倒觉着麻烦了，赶紧凑了几钱银子，先给银行里送去了，只当作破财啵……有好些人，都是那么告诉我，不然我还不捐呢。”（《好大的谣言》）

而地方上确实出现了“抗捐”和“派捐”的不良现象。如河北永清县有位“土圣人”，“素常把持公事，鱼肉乡里”，他对乡民们说：“你们要上外国捐吗？真是糊涂极啦，本村修庙迎神许多的善事，全不肯捐，为什么你们全捐在外国去呀？如果给外国捐一元，本村必须捐十倍才对！”吓得大家都不敢认捐了。

安徽宣城县知县则对本县提倡捐款的万廪生说：“你是一个小民，捐了这么些个款项，我是一个知县，又当怎么样？我没有力量，不能够跟着你学。”下令不许在县内收捐。

反过来，据上海《新闻报》报道，河南永宁县知县史堃，借端勒派，专用压力，还要从中取利，让“国民捐”在当地的名声极坏。而地方上的一般做法，据知情者讲述，是“各村正副，跟董事人等，拿着国民义务传单，沿门去问，不拘多少，随意乐捐……不读书的，不知国家，不过说是官长派捐，又经董事人等，登门来问，驳不开脸皮儿，勉强认捐，一转身儿就埋怨道，国家可穷坏了，向民间借起钱来了！”以至于有人粘贴报单称：“不是国民捐，直是要命单！”

捐款最热烈的北京，也出现了许多问题，如“东安市场讲报处，用荆条筐做成大闷葫芦罐，巡警疑心借机敛财，不准摆放”，而阜城门外流氓聚赌，却宣扬说赌局抽出“头儿钱”，都交给王子贞上捐。

四、“热血有余，见解欠明”

可以想象，当《京话日报》那些热心认捐、劝捐的读者看到这些

报道，他们的怒火会有多高。他们已经不肯像梁济说的“还是好好的对付”。激于义愤，他们纷纷投书报馆，提出了种种激烈的方法：

有人说，满街卖的小唱本儿，是一个“祸根”，是讲报处的“仇敌”，他抱怨说，全世界都没有中国这样的出版自由，希望工巡局能够查禁这些唱本儿；

还有人认为“北京的茶馆、烟馆、酒铺，是造谣言的总机关”，主张“可以由各局，传谕茶馆烟馆酒铺掌柜，以后有喝茶的吸烟的喝酒的，最好按着钟点办，再不然就硬来，解完了渴，过完了瘾，赶紧劝他走，如有不遵的，准其掌柜报局”；

不断有人主张由政府出面对捐款者和不捐者加以甄别，实行奖惩。有的说，要分出三等徽章，依据捐款金额分发捐款者；有人嫌徽章不够显眼：“把大大的国民二字，印在长方纸上，作为标记，左边注明年月，右边注明报捐数目，共分六等，纸张大小颜色等等不同”，发给捐款者。马上有人反对这个提议，认为对“穷朋友”不公平，应当“印一个标记，无论贫富多寡，一律粘贴”，甚至“上捐时候，问明住址，大家另凑公议，按照妙峰山刷报子似的，锣鼓喧闹，硬给他贴在门上”。他们说，这样一来，“认过捐的，大众都以为体面，不认捐的，自然就以为难看了，知道难看，就得掏腰包”。

报纸正面的提倡言论中，也有让今天的读者觉得有些匪夷所思的说法。如《京话日报》某篇演说曾提出一个口号叫“一两银子捐国民，岂不强如中举人”，演说者的意思是“认了捐，再领张收条回来，交给你们，各人拿回家去存着，就算捐了一个国民了，以后见着王爷、侯爷、大小官员，都自称国民，就不称小的了”，据报道，这篇演说的效果很好，“伙计们，也个个都愿出钱，捐一个国民在脑袋上顶着，免得见了官再称小的”。(《辛天知演说》)

前文提及的二三品旗员，公众拿他们没有办法。但是北京城的商铺，却被看做应该力劝的对象。尤其是那些在之前的“反对华工禁约抵制美货”运动中，敢于售卖美货的三家商铺，在许多人的轮番劝说之下，不仅自己捐钱，还各出资四十块银元，捐赠“国民捐传单”。

当捐款活动在大栅栏商业区举行时，“有捐五十元的，有捐四十元的”，可是到了“张永聚”，铺子只写了五元，这一下子，“可就把大家引坏了”，后面的商铺也跟着只认五元、十元。这次连《京话日报》的访员和编者都愤怒了，在报道中批评这家店“倒不如不捐”，认为这种没有国家思想的店铺“非叫他们拆让不可”，如果要求少拆一尺，就要“罚银一百两”。他们希望官府能这样做，好让民众“痛快痛快”，可是，这种“派捐”显然有违国民捐“捐款自愿，决不勒派”的初衷，也不能让社会民众真正了解“爱国”的意义。

有一位讲报人卢菊庄，在演说“抵制美货”时，叫了几声“同胞”，谁知第二天就接到了一封信，上面说，他不该将所有听讲报的人都叫做“同胞”，“必得认国民捐的人，才可称他同胞呢”！卢菊庄说，他不赞同如此偏激的意见，“说话办事，都要向光明正大的路上走，一入了尖巧一派，或是激烈一派，不但于事无益，一定要起风波，因着些微小事，必至贻误大局”。《京话日报》主人彭翼仲在该文后批道：“道德之言，字字金玉，同志君子，千万留心。”

正好这时候，山东出了一个佣工李墨林，他自打知道国民捐的消息，就入了迷，千方百计要让家里人都认捐。他娘舅不情愿，他就跑到娘舅家里，拿着借来的报纸，“翻来覆去的念叨，念完了又讲，讲完了又劝”，气得娘舅把他赶出去，要和他断绝亲戚关系。彭翼仲在这则报道下加了按语，道是：“这篇演说的意思，并不是替李墨林出气，此人热血有余，见解欠明，没学力的人，勉强求着开通，不但自己乱撞头，还许把好事带累坏。”彭翼仲的喟叹，呼应着梁济的忧虑。启蒙者们意识到，单纯的爱国热情，不一定能够推动现代意识的普及、文明社会的创立。

声势浩大的国民捐运动，或许造就了许多热心爱国、慷慨赴难的国民，但仍然无法让他们成为具备民主平等、言论自由之类现代理性的公民。

国民捐运动持续了一年有余，《京话日报》得罪了曾大力提倡国民捐的直隶总督袁世凯，彭翼仲获罪，流放新疆，《京话日报》关闭，这场运动也就自然停止了。随后，大清银行出面宣布：发还捐款，各人凭收条到银行具领。

看　报

西城开了个阅报处。

北京有自己的报纸，还不过是这两三年的事。庚子以后，也见过一些北京出的“报”，什么《京话报》、《白话学报》，十天一礼拜出一份，也没听见个响儿，就没了。倒是有张日报——《顺天时报》，日本人办的，专替日本人说话，日本人的店，高丽人的店，有卖，谁也不去买它。有智识的人拿它当外国报纸，没智识的人也叫它“洋报”——看洋报，万一义和老团杀回来，要砍头的！

南省的报纸，也能在北京看见几种，像如上海《中外日报》、《新闻报》、《申报》、《时报》，天津的《大公报》、《日日新闻报》。这些报纸，琉璃厂或东安市场的书店代办寄卖，但只在官场和学堂之中流传，老板唉声叹气，说总销量不会超过两千张。

所以去年七月六日，头一回见着那张叫《京话日报》的报，还真是心头一喜：北京总算有自己的日报啦！——有朋友说，还有一张《北京日报》，一打听，是德国人出钱办的，那不算。

《京话日报》主人彭翼仲在头版的“演说”里问：为什么北京人不读报哇？两条原因：“第一是各报的文理太深，字眼儿浅的人看不了，第二是卖的价钱太大，度日艰难的人买不起。”《京话日报》的对策是：（一）用白话做报；（二）每份报只收三个当十大钱。就俩烤白薯的钱，你还舍不得吗？

可是，烤白薯能医肚饿，报纸能用来干嘛？老百姓靠着口耳相传，也对付着过了千百年。雍正爷那时起，指定各乡父老，逢五逢十在集上讲“圣谕广训”，有几人知道他们在讲啥？唯一需要识字人讲解一番的，只有官府的告示，什么案子又犯了，又在通缉哪名江洋大盗，钱粮多发或减发，租税增派若干，似乎一条街上有那么几位大学问，也就满够。

《京话日报》虽然拿白话做，又卖得贱，没人关照也是白搭。听说，彭翼仲，这位做过地产、煤矿生意的候补六品通判，为这张报纸，赔累不少，年前在《大公报》上登告白，要把自己住的房子卖了填窟窿，还说年下被债主逼到门口，差点儿抹了脖子！茶馆里说起这些，老客们直摇头：为办份儿报把身家性命搭上，这可不是买卖！

——最近彭翼仲在报上说，其实报纸销得不算差，到年底下，也有约莫四千份，比其他所有报纸的总销量还强呢。但就一条，京话日报馆自己派送的报纸、长期订阅的报，这好办，先收钱后送报，糟糕的是稍微远点，你得委托京报房吧？“没有门房的小费，所以争不过京报房啊，京报房经手送的，可就难说了，层层受制，一言难尽”，彭翼仲呼吁愿意看报的主顾：“无论城内城外，本馆都愿意自己送，分文不能多取，但图一个爽快！如今我们就受了这个伤，阅报的早付过了价，哪里知道，我们还没有到手呢。……如愿叫本馆自己送，务必详细写明地址，或专人，或邮递，都无不可，千万别交给送报的人。”

即便如此，小老百姓，他也还没有看报的想法。京城内外，那些有智识的，又喜欢看《京话日报》的人，就想着怎么能让小老百姓先试着看看报，不要钱，跟买黄瓜似的，先掐一块尝尝。不能让报馆送，那赔累不起。能不能办个阅报处呢？听说前两年上海文明书局的北京分局在厂甸办过一家，规模不大，很快就收了，能不能再办起来呢？

这西城阅报处，是头一家。挑头的人，听说是一位刑部的司官，姓黄，叫黄琮，他带头认捐，同事朋友里你五两，我八两，在西斜街赁了处房子，三开间，挂上牌子，就算成立了。关键是，你得广而告之，让人知道有这么回事。他们不但在报上登了告白，还雇了一批闲汉到处张贴传单，传单上三个大字“请看报”，下面是地址、开放时段。西城阅报处订了十几种报，文言、白话的都有。

这是桩新鲜事，三月的京师天气，正是风和日丽的当儿，好些人看见、听说了，出门遛弯办事探亲友，都去西斜街看看景儿。他们说，正房里还供着一张纸，是学部尚书张野秋张大人提倡阅报处的手令。为此《京话日报》还发议论说：凡这等的事，非有权力的人提倡不起，由下边苦苦的劝，不如上边一句话。彭翼仲还慷慨地表态：“或说阅报处捐报，人人都去看，你们的报，谁还来买呢。我对他说，别处我不管，单说我的报馆，宁可赔累死了一个我，不愿意因为惜小费，少出许多的明白人。”

西城阅报处开办十天后，又出了桩新鲜事：一位叫刘瀛东的“湘学堂英文教习”捐了三十份《京话日报》，张贴于西城各大街路口，这比阅报处招来的人更多。有的人可就犯嘀咕：这人是干嘛的？为嘛呢？是不是《京话日报》的托儿呀？好像是为了回答这些嘀咕，《京话日报》登了刘瀛东的来稿《沿街贴报》。

刘瀛东说，他是广东人，在北京当英文教习七八年了。这些年见了不少事，深感都是因为民智不开，“咱们要是明白了外洋情形，二十六年的乱子，断断的也闹不出来”。为什么要捐《京话日报》？他说是因为“他的报很有血性，人人全都看得懂，内中更有一层苦情，我刘瀛东家里很穷，别的报实在贴不起，这回捐贴本报三十份，报馆的彭翼仲，明白这是为大家伙儿的益处，让了我多少便宜”，要说这回事是假的，或者彭翼仲使出来的，刘大声驳斥：请你们去我学堂里，问那些同学，问我的同事，我贴报的第一天，是不是都是自己掏钱买的，跟彭先生见过面没有，再去找广东老乡们打听打听，有我这个人没有！

最后，他抱怨说，报纸贴在路口之后，“买卖家刷报单的，不知什么事，当不当，正不正，常把报单贴在我们的报上，实在是不合公理，打算求求地面官，交派交派五城练勇，替我照护照护”。

有人前头走，就有人后头跟，没几天，安定门大街上也有人贴出了《京话日报》，看的人也是乌泱乌泱的。你说是瞧新鲜？瞧新鲜也是好的。连天津《大公报》都说，这么做，“不失为开民智之善法”。而且，困扰刘瀛东的问题，也有人想出了解决办法。一位叫马维清的士绅，大概是教门的，不仅捐报，而且“自置木牌一具”，让人举着，变成一个移动贴报栏。这倒不错，京津两地，跟着效仿的人不少。

这样，你走在北京的大街上，时不常会看见一堆一堆的人围在街口，或是跟着一个举着木牌的人，走来走去。有人要求：哪位念一念？就有人拉长声开始念——反正报上用的是白话，方便得很。

上海有位办报的志士，来到北京，看见拉洋车的、挑货担的、卖果菜的，都站在大街上看报、念报，他简直不能相信自己的眼睛：在华洋杂处的上海，看报，也只是官员、绅商、学生的事体呀，北京不是比上海要落后一百年吗？（孙宝瑄《忘山庐日记》里这么说的）哪能？嚯嚯，忒煞怪哉！

当　兵

门房老郑上街买茶叶，回来后自己拿到书房来，放下茶叶又不肯走，期期艾艾地似乎有什么话要说。于是我放下手里的书，问他有什么事。

“是这么的……俺家二小子，今年十八了，年景不好，想让他当兵吃粮去。想问问先生，这兵，当得当不得？”

他这话，要是早问个把月，我准保瞠目结舌，最后只能让老郑上别处打听去。可巧前两日，杂志上登了练兵处奏报的陆军营制，我一时动了好奇心，查考了一番兵制问题，一肚子学问正没处堆放，老郑正好来当我的听众。

“老郑，你坐！坐下慢慢说，不是一两句话的事儿。”

我从书架上抽出一本杂志，翻开来，点了点上面的字（虽然明知老郑不认识）：“兵制要改！老郑你听说了吗？”

老郑一下子惶恐起来：“没，没听说……俺单知道有旗兵、绿营兵，还有个啥……小站兵？”

“那是过去的皇历啦。旗兵、绿营在康乾时威风一时，后来打不了太平军，就改练勇了……”老郑是直隶人，没怎么见过湘勇、淮勇，懒得跟他解释，“甲午之后，练勇也不管用，朝廷开始练新军，就是你说的小站兵，先是胡橘芬胡观察，后是袁世凯袁宫保……现在这新兵制，就是根据小站兵的经验，要在全国推行……”

老郑呆呆地听着，敢情是不太懂。

算了，我挑容易的切身地跟他说："新兵制，兵分三种，一是常备军，要本地人，还得有身家，当上就发全饷……"

"全饷是多少？"老郑最关心这个。

"这个……还没定下来，等我打听了再告诉你……关键是，常备军能拿全饷，当三年，退回原籍，变成续备军，每月饷银减一两，不过，平日可以自谋生业，每年十月，会操一次，那个月可是拿全饷！"

"那敢情好，"老郑高兴起来，仿佛看见了白花花的银子，"要是出了远门……"

"放心，章程很周到，要是出门在外，可以申请参加当地会操，一样算数……续备军又是三年，然后转成后备军，后备军是当四年，不用每年会操，只要在第二年、第四年，操两次。饷银呢，"我忙着翻书页，"按续备军减半。四年后备军当完，就退作平民了。老郑，从前进绿营当兵，只要当过一天兵，一辈子都是兵，哪怕你年过五十，体衰力弱，也只能在营里待着，发一份养老月粮，要是有儿子，每月多发五钱饷银，儿子就叫做'余丁'，有战事随时补充，因此咱大清的兵代代相传，没个挑拣，打起仗来难怪不济！现在好，当完十年兵，爱干嘛干嘛去……"

"可是，俺们要乐意在营里待着呢？"老郑对种庄稼做生意好像都没什么信心。

"也不是不行，这上面说，'当兵十年始终勤奋结实可用者分别考验拔升千把外委官职'，干得好，升了军官，可以去管续备、后备军，这就算出头了！"

见老郑很高兴的样子，我赶紧泼冷水："先别忙着高兴，老郑，你刚才说你二小子十八了，是不是？"

"是。"

“兵制上说，募的兵要二十至二十五岁者，你二小子不准能有这资格。还有，身高得有四尺八寸，南方人才能减二寸，他有吗？”

“这小子长得壮，比俺高，有没有先生你说的那数目……没量过，唉，岁数不大怕，招兵的官儿又不是眼见着俺二小子下地的，跟他说二十不就完了？”

哦，倒是我迂腐了。我只好笑笑，翻过一页。“还有些个条款。‘膂力限平举一百斤以上’，大概没问题？‘曾吸食洋烟及素不安分犯有事案者不收，由各该村庄庄长首事地保等点验’。”

“没有没有，俺二小子老实着哩。”老郑双手乱摇。

“老郑，好好听着，这条跟你关系最大。”我不去管二小子有没有吸过烟打过架，“一旦你家老二当上兵，募兵的委员会抄一份名册给地方官，并发给你一份执照。你家老二在营里，饷银不全发，够他吃够他穿就行，余下的，六个月一次，派委员会同地方官出告示，你拿着执照去领。这执照可得保管好！”

老郑从没听过这个，嘴张得老大。

“还有，家里有人当兵，只要你家田地在三十亩以内，县里、乡里的差役全免，地方官对兵丁家属，还要特别爱护，不准土豪痞棍欺负，即便有官司要打，也准你像秀才们那样，见了知县不跪，也不能随便打板子。”

老郑简直要手舞足蹈了。“先生，照您这么讲，这兵着实当得？”

“等等，”我双手往下按，“要说这新兵制，确实比从前好得太多了。不单家里受惠，每队还添四名军医，照管兵士疫疾……不过这是纸上文章，实情如何，我帮你打听打听再说罢，老郑，啊？”

转过天来，应酬上碰到一个练兵处当差的朋友，我就问他：这兵，当得当不得？

他正用小指甲挑起一撮鼻烟，听了我的问，斜过头看看我。“老兄，你敢是日日在家当书虫？这陆军营制章程，是仿着东西洋各国的制度订的不假，改良之处甚多，可是那些续备军、后备军，每月得用多少饷银？是朝廷发放，还是各省自筹？就算筹到钱，哪有带兵的不从中抽头分肥的？落到当兵的头上能有多少？”

“可是……”

他不理会我，小指轻巧地一抹，啊啾，打了个大大的喷嚏。“写章程的人也不是不明白，比如东西洋各国，发给官兵的钱都很少，衣食日用各物，都由公家统一订购供给，‘以俾在营官兵，专心操战，无他顾虑’，可是中国没有各种供应物品的公司来承接这些军需之事……”他从怀里掏出一页文书，“哪，‘时会所趋，习于贪诈，清白可信者固属无多，能知缓急者砒难其选，稍有不慎，流弊丛生’，练兵处有什么法子？还不是由着各地的官员自己操办！”

他手头的纸上列着不少物品，我好奇心大炽，问他所列何物？

“呕！这是袁宫保抄给衙门的新军装备，明儿打算发给各省，照此办理。”

我要过来看，上面列着：

> 每兵计冬夏号衣、皮衣各一件，单衣、袷衣、棉衣各一套，军帽两顶，战靴两双，手套两副，雨衣、雨帽各一套，洋毯一条。其他装备，每兵皮背包、擦枪油壶各一只，拆枪器具，退子弹钩各一副，短锹、脚钯各一把、缠伤布条一块，止痛药棉二副。
>
> 每棚（九人）配吹哨、九明灯各一只、大锹四把，斧、锯、镢头各二把。每哨（三棚）配时钟、望远镜、指南针各一。每队（三哨）配洋号十四个，洋鼓四面，更鼓、锣号各二具，号灯四只，电话机一部，大望远镜一具等等。

“袁宫保的小站兵，真的配得如此齐全？”

“可不！老兄，回去跟你亲戚说，要当兵，也得分跟谁当兵！”

他打了个呵欠，把清单折好，放进怀里，看见指头上的鼻烟末，想起正事来，高声向着远处叫：“手巾！热的！”

留 学

你好，你想成为光绪三十一年的一名留学生吗？

让我们先来看看你能去哪儿。甲午（1894）之后，中国人去日本变得像去上海一样容易，因为不需要签证。船票又便宜，最贵的头等到横滨不过五十四元，最便宜的三等到长崎才六元！因此张香帅等封疆大吏都提倡留日，这六七年间，数以万计的中国学生从上海或天津上船，往那个岛国的福冈、长崎、东京进发。

那么多的中国学生到了日本，日本有那么多学校可上吗？何况大多数中国学生没学过外语，到日本要先上语言学校，那班见钱眼开的日本商人，只管开个学校让你登记入册，百事不管，反正你大概也是迫于父命，或者追新逐潮，才来日本的，多混几年不打紧，回了内地家乡，也算喝过咸水吃过寿司的维新人士，哪里没有个前程？

中国人正留日留得高兴，不想出了个端方端午帅，向朝廷上了一本，道是：中国人怵于日本之自强，往往径赴东洋，其实日本学术也是学自泰西。他说，欧美国家，中国人去得少，老师教留学生认真不敷衍，比较容易培养出有用之才。他警告说，像现在这样目光短浅，顾惜资费，势必会"习于近便，继往无人"，学不到真正的西学。

所以端午帅接任张香帅的湖广总督兼湖北巡抚后，不惜重资，遣送了两湖学子二十多名前往美、德、俄、法等国。你要是两湖人氏，那你就算发达有望！不是？那也没关系，端午帅的本，朝廷是已经核准了，饬令各省，选派学生留学西洋。

朝廷现时也不同往日，事事都要立个章程。官派留学也不例外。首先，你懂不懂西文？不通西文者，官府只选那些“年十四五，心地明白，文理晓畅”的，如果你通一门英文或法文，则十五至二十五岁都在候选之列。何以如此？因为照看过留学生的各国使臣都说，人过二十，舌根就硬了，学不了外语，而且，年长的人好议论时事，又喜欢欺负幼小者，比较难管。

那位说了，为什么不直接选拔通西文的青年呢？章程里说啦，边省腹地，风气晚开，不太容易选出通西文者，还是从娃娃抓起比较好，但是娃娃的中文一定要好，不然会忘本。

这些选出的留学幼童，按省份集中，各省要派一位熟习当地文字的“帮教习”，即领队，带着他们出洋、赁屋、延师，居间翻译。如果实在找不着合适的人，去德国用英文译员，去俄国用法文译员，也勉强可以。

生性顽劣不听管教的、游手好闲无心向学的、偷鸡摸狗有损颜面的，一概立即遣送回华，而且还要追缴学费以示惩儆。

说到这里，关键的问题来了：给多少钱？

前几年留洋学生由各省自行派送，学费相差非常悬殊，少的一年七八百两银子，多的一年有两千两。不但苦乐不均，而且有失公平。现在朝廷调查后决定，每人每年一千二百两。

这每月一百两中，二十两是“修金”，就是学费，八十两是食宿零用。这里面还有区别：如果学校提供住宿餐食，则由使臣统一缴费，每月发给每人十两银子作零用。有的留学生家庭经济比较拮据，也可以申请每月给付家里十两赡费——这也是湖北开的先例，以去留学人员后顾之忧。

帮教习带着留学生集体居住，以两年为度，如果条件允许，等到他们“稍解语文”之后，也可以让留学生到当地人家中寄寓。正式学习以三年至五年为期，毕业之后，还有一个“游历”阶段，让留学生们在欧洲各地转转，看看“诸名厂及一切艺术”，每人大概可以领到四五百两银子。不过，这笔钱暂时用不着，可以缓筹。

——这里必须解释一下1905年的银子值多少钱。当时一个鸡蛋值两枚当十钱，即二十文，一两银可以买七八十个鸡蛋。齐如山和三个朋友吃一顿便饭不过二十枚铜元，约合七分之一两银。以购买力计算，1905年的一两银子至少相当于2009年的三百元。那么，一个留欧美的中国学生一年岂非要三十六万？要的。

这真是好大一笔款子。想想国内亟需西学人才，每年每省送出去多则四十人，少则十人，难怪地方教育预算处处吃紧。于是有出使比国大臣杨兆鋆奏称，比利时“学制大备”，尤其路矿制造，为其所长，更关键的是学费住宿都比较便宜。杨大臣说，留学比利时，一年只需要“一千六百佛郎”，比起其他国家来，只有三分之一，与其在法德美俄培养一个人，为什么不在比利时培养三个人呢？

这个奏折，很打动了朝廷与许多封疆大吏。以两湖为例，总督端方于1903、1904两年间派出的留学生，美国十一人，德国廿二人，俄国四人，法国十一人，比利时呢，有四十八人，刚刚等于其他四国之和。

这是官费，谈到私人留学，还是去日本的多——便宜才是王道。以日本当时最著名的私立大学早稻田大学为例，1905年的《日本早稻田大学中国留学生章程》记载，专为中国人设的“清国留学生部”预科学费为每年日银三十六元，本科学费是日银四十八元，如果继续上“大学高等预科”和“大学部”，清国留学生与日本学生缴同样学费，各分三期，高等预科总计日银三十七元五，大学部日银三十三元。——日银两元相当于华银一元，即七钱白银。也就是说，早稻田大学的学费，最贵也不过每年十七两银子！比起欧美留学的每个月学费二十两，你会选择哪个？

而且日本留学生又不见得不吃香。按照张之洞1903年制定的学务章程，公派出国的留学生，学成归国考试合格，分别授予进士与举人资格。1905年6月，朝廷举行第一次归国留学生考试，由学务处主持。因为还没有欧美留学生回国，参考的十四人全是留日的。考卷分为国际公法、法律诉讼、商业财政、机械学、化学五类——可见当时培养留学生的主攻方向。题目出得不算深，如“商业财政类”考的三道题目是：

> 一、银行为一国财政之枢纽，其种类功用若何，试详论之。
>
> 二、各国财政皆以发行公债为政策，试详列其种类并言其利。
>
> 三、国税与地方税异同论。

科学类更简单些，估计考官自己也不太懂，如“化学”三题为：一、化学关于国之富强论；二、石油生成之理说；三、安全火柴之前途及其制造法。

跟下来还有“殿试”，考的是留学生们的“国学”，这才是让现代人头疼的内容：一、楚庄王日训国人申儆军实论；二、汉武帝诏举茂才异等可为将相及使绝国者论。——如果考留学生一直这样考下去，我真替那些十四五岁就跑去欧洲待上六七年的小留学生捏把汗。

好在考试不过是走个过场，授职与考试成绩并不挂钩，而且，不限于公派留学生。例如，陆宗舆，那个“五四运动”中名列三大卖国贼之一的前驻日公使，就是早稻田大学政科自费生。他考了一等第二名，被给予举人出身。

自本年起，考试、任用留学生形成惯例，直到1911年，六年内，考了七次。其中参加考试的欧美留学生共一百三十六人，而留日学生达一千二百五十二人。便宜真的是王道。但是，端午帅也没有说错，那些留学欧美的学生，考试成绩确乎都名列前茅，虽然他们刚刚返入国门，力主留学欧美的端方便已殒命于四川资州，用人单位清朝政府也去日无多了。

告　示

官府告示在民间社会里满盈着权威。

常被举出的一个例子，是武松回家探兄，路过景阳冈。店家劝他道：冈上有虎，晚了出来伤人，“坏了二三十条大汉性命”，不如歇宿一夜，明日成伙结队过冈。为了证明自己所言不诬，店家主动提出“且回来我家，看抄白榜文”。武松却像而今的消费者一样，因为自己是本地人，从来没听说过此事，故此怀疑店家想谋财害命，“把鸟大虫唬吓我”，执意前行。

及至上得山来，看到山神庙庙门上贴着一张榜文，武二郎虽然带着十八碗的酒意，仍然停步细读，而且“方知端的有虎”，几乎想回转酒店。他继续上冈，是因为太好面子，怕回去惹店家耻笑。可见盖着知县大印的告示有着何等的权威。

这个故事里还有一些细节耐人寻味。比如既有官府告示张贴，为什么店家还要“抄白榜文”？为什么离山神庙半里多路，有一棵刮了皮的大树，上有两行文字，提醒路人山上有虎？事实上，告示、大树、店家，构成了信息传播的三级体制，分别针对通文墨者、粗识文字者和不识字者。古装影视中出现官府告示时，往往有人在一旁大声朗读，有时还要解说两句，这也是被指派的或义务的政策宣导员。

那末，如果官府告示能够用白话口语书写，让不通文言者一看就懂，不识字者一听就明，岂不更好？这个想法很好，可是在武松身处的宋朝，似乎还没有白话的告示。

皇帝用白话下谕令的历史比较早，尤其那些出身草莽或异族者。元朝泰定帝的即位诏书便用一种现在看来很古怪的白话写就：“今我的侄皇帝生天了也么道……众人商量着，大位次不宜久虚……早就这里即位提说上头，从了众人的心。”明太祖朱元璋给南京国子监的敕谕就很有名：“敢有抗拒不服，撒泼皮，违犯学规的，若祭酒来奏着恁呵，都不饶！”满清皇帝喜欢在臣工奏折上批：“知道了。钦此。”有时会批“知道了，此人乃大花脸也，须小心防他”。从康熙到宣统，一以贯之。

但地方告示，大抵出自科名出身的士人之手，难免之乎者也，骈四俪六，我们看“三言二拍”里的官员断案，明明口中说着白话，一说起判词来，又是哼哼叽叽一大套。道光年间，有一些官员立意革新，用白话做告示，但文人习气压不住，往往文白杂出，听上去像孔乙己说话，让人半懂不懂。

聪明人于是想了个法子，用四言或五六言的“韵文”来写告示，而且只有六到八句，这样，“缮写既便，观览亦易”，而且朗诵朗朗上口，便于宣讲与流传。因为是韵文，似乎也不那么粗俗，也不失儒林的身份。

这种像歌谣似的告示通行了许多年。但也得分是谁写，有些韵文告示仍然不怎么好懂，比如左宗棠禁种罂粟的四字谕：“谕尔农民，勿种罂粟。外洋奸谋，害我华俗。借言疗病，实以纵欲。吁我华民，甘彼鸩毒……张示邮亭，刊发村塾。起死肉骨，匪诅伊祝。听我藐藐，则有大戮……”别说同治年间，就是21世纪的西北农民，他听得懂这个吗？不过左中堂很得意，居然将之收入《左文襄公全集》，不然我们现在也看不到。

到了有报纸出现，好了，往报纸上发告示，胜过“张示邮亭，刊发村塾”不知多少！而且下级官吏，比左文襄公当然更了解一些民情，身段也就放得更低些。来看1872年，上海县知县叶廷眷发在新创办的《申报》上的告示：

“该处都台河道，现已筑坝兴挑。出土十丈以外，就近不准弃倒。倘敢贪便倾卸，定即押令挑好。河工黎明上工，勿许挨延缺少。薄暮停工时候，各开水线一条。各董差保夫头，传谕一律遵照。”

这已经相当通俗了，可是晚清的启蒙者们还不满意，他们说：要变法，就要开民智，要开民智，就要改革文言，改文言的第一步就是要改变官府告示的文风。像《大公报》主人英敛之说的那样：“政府里再出告示，一律改用白话，越浅近越好。有个政令，贴出告示去，叫那认识字的人，念给不认识字的听，念完了大家也就都明白啦，这有多么省事呢。”

这个愿望，经过数年鼓吹，终于在1905年，在京津地区实现了。北京工巡局在这年年底规定，“所有张贴告示，一律改用白话”。

说实话，别看上海比北京风气开得早，实现白话告示这一点，北方比南方便利。为什么？一是京津的口语就是白话，“我手写我口”，不像南方，要先将方言译成官话，再往告示上写；二是天津、北京先设立了巡警制度，巡警跟市民的关系太密切了，就好比街道办、居委会，它出个通知，不能写得像红头文件一样吧？

举个例子，乱倒垃圾这事，从前北京城里是没人管的，所以北京的大街、胡同，一年倒有大半年是臭风远扬的。庚子年八国联军分占北京，先是命令，居民不听，为此还出过人命，占领军枪决了好几个人。从那以后风气好了不少，如今设了巡警局，就更得禁止乱倒垃圾啦。他们的告示是这么写的：

京师为首善地方。城内关外，大街小巷，应该干净齐整。大小街面住户军民，更应合力齐心，打扫门外街道。近日人情懒惰，相习成风，秽物灰土，全向门前倾倒。前三门外，地窄人稠，街道更难洁净。不但外人瞧见，不成模样，这种恶臭气味，令人受了最容易生病。京师每逢春秋时令，常有瘟疫病症，全因为街上不净，气味传染的缘故。每到瘟疫盛行，热闹地方受病的更多。乡村冷落之处，与那深宅大院的妇女，受瘟的很少，这不是个明证么？如此看来，干净整齐，实在于卫生上很有关系。卫生两字，就是保养身体性命，可见打扫街道一事，是生死相关的。你等见了此谕，全要痛改前非。大街上的铺面，各胡同里住户，各将自己门前天天收拾干净。积下灰土等类，断不许在门口乱倒。本局自有土车，按时挨门传唤。如有不遵的，查出一定受罚。自爱的商民，千万知道廉耻要紧。倘敢抗违，定行究办。你等传谕知晓。特示。

这篇告示写得很亲和，《大公报》评为“劝诫勉励，款洽叮咛”。不知道这样的告示，能不能收进如今城管的培训手册里去？